クラウドディレクター革命

Cloud Director Revolution

自由と成功を手に入れる新時代の働き方

はじめに

数多くある書籍の中から、本書を手にとっていただきありがとうございます。

「ビジネスサイボーグ」こと山本智也です。

あなたは、自分の仕事について、

「時間や場所に縛られない働き方を実現したい」

「副業で収入を増やしたいが、何をしたら良いか分からない」

「フリーランスとして独立を考えているが、安定した収入の確保に不安がある」

といった悩みを抱えていませんか？

あるいは、経営者や事業主の立場から、

「新規事業の構想はあるが、人材不足で実行に移せない」

「外注先のワーカーとのコミュニケーションがうまくいかない」
「繁忙期・閑散期など、業務量の波に合わせて柔軟に人員を調整したい」
といった悩みを持つ方も多いでしょう。

どちらの方にもぜひ知ってほしいのが「クラウドディレクター」という職業の存在です。

ビジネスは今、まさに転換期を迎えています。インターネットとクラウドサービスの発展により、オフィスに出社しなくても仕事ができるようになり、世界中の才能あるフリーランサーと、簡単に協力できるようになりました。従来の働き方が大きく揺らぎ、ビジネスの基本スタイルそのものが変化を遂げようとしています。

この新しい環境で、注目すべき役割を果たすのが「クラウドディレクター」です。クラウドディレクターとは、経営者の右腕として、経営者に代わってプロジェクト全体を見渡し、効率的かつスムーズに仕事を進める人のこと。リモートでつながる世界中の優秀な人材をリソースとして活用し、プロジェクトを成功に導く重要なポジションです。

ビジネスを効率的かつ戦略的に進める上では、クラウドディレクターの存在が欠かせません。私自身は、社員わずか2名の事業で年商40億円を達成していますが、その理由はクラウドディレクターの存在を最大限に活用したために他なりません。

本書では、「クラウドディレクターとは何か」という基本的な概念から、その具体的な役割と求められるスキル、さらにビジネスへの活用法まで詳しく解説しています。

ワーカーの方は、クラウドディレクターのスキルを身につけることで、リモート環境で柔軟に働きながら、幅広いプロジェクトに関わるチャンスを得られます。自身の得意分野や専門分野を仕事に活かせると同時に、実務を通してプロジェクトを管理する能力と経験を獲得でき、キャリアアップや収入増加のチャンスも大きく広がるでしょう。

経営者や事業主の方は、クラウドディレクターの採用により、外部の専門家やフリーランサーを効果的に活用できるようになります。プロジェクトの管理はクラウドディレクターが担うため、経営者の時間的・精神的負担が軽減され、より重要な業務に専念することが可能です。また、新しい人材や市場とつながることで、ビジネスを拡大するチャンスも広がり、事業の成長が加速するメリットも得られます。

クラウドディレクターという新しい役割を理解し、そのスキルを磨くことは、あなたの未来を輝かせる大きな一歩となるはずです。本書がその道のりをサポートし、新しい挑戦を後押しできれば嬉しく思います。さあ、ビジネスの未来をともに切り拓いていきましょう。

山本智也

もくじ

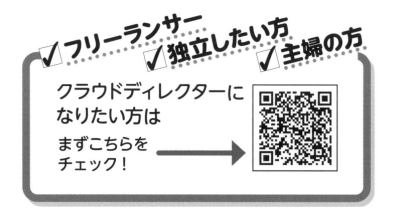

1章 part1

ビジネスを加速させる「外注」のレベルとレイヤー

ビジネスの世界では、常に効率化と生産性の向上が求められています。そんな中、近年注目を集めつつあるのが「外注」という領域です。

外注を検討する際は「レベル」と「レイヤー」という2種類の領域を意識することが大切です。

「レベル」とは、外注についての進捗度合いや習熟度を示す言葉で、「初級」「中級」「上級」の3段階に分類できます。

そして「レイヤー」は、外注に関わるポジションの階層を示す言葉で、「オーナー」「ワーカー」「クラウドディレクター」「エグゼクティブ・クラウドディレクター」の4種類に分類できます。

戦略としての外注が果たす役割は、単なる作業の分担・委託にとどまりません。外注は、ビジネスモデルそのものを変革する大きな可能性を秘めています。

これからのビジネスにおける外注とは、どんなもので、なぜ重要とされるのか、また、どのようなメリットがあるのか。これらの点について、詳しく見ていきましょう。

part 1-1 成功を加速させる「外注」とはどんなもの？

外注とは、企業や個人事業主が、業務の一部（または全部）を外部に委託する行為を指す言葉です。専門的なスキルや知識を持つ人材・企業に業務を委託することにより、人手不足を補うことはもちろん、より良い成果を効率的に得ることが可能となります。

例えば、ウェブサイトを制作するケースを考えてみましょう。ウェブサイトの制作には、デザイン、コーディング、コンテンツ作成など、さまざまな専門スキルが必要となります。これらすべてを社内で賄おうとすれば、人材の採用・育成にかかるコストや時間は膨大なものになるでしょう。

しかし、外注を活用すれば、そのコストや時間を大幅に節約できます。それぞれの分野のエキスパートに作業を依頼することで、自社で人材を育てるよりも効率良く、見栄えも使い勝手も良いウェブサイトを作成できるのです。

テクノロジーの進化とグローバル化により、ビジネスを取り巻く環境は急速に変化しています。この変化に適応し競争力を維持するためには、従来の固定的な組織構造から脱却し、より柔軟で効率的な業務体制を構築する必要があります。

外注は、まさにこの要求に応える手段として、これからのビジネスにおいて極めて重要な役割を果たすこととなるでしょう。

part 1-2 外注が重要な3つの理由

では、なぜ外注が重要と考えられるのでしょうか？　その理由を、３つの観点から見てみましょう。

ポイント1：コスト削減

1つ目は「コスト削減」の観点です。外注を活用することで、固定されていた人件費が変動型の外注費に変わり、コストを大幅に削減できます。

自社で従業員を直接雇用する場合、給与や福利厚生費などの固定費が発生します。しかし外注の場合、必要な時に必要な分だけ費用を支払えばOK。例えば、繁忙期には外注を増やし、閑散期には減らすといった柔軟な対応も可能となります。

ポイント2：専門性の活用

2つ目は「専門性の活用」という観点です。ビジネスにおいてはさまざまな業務が発生し、その中には専門的なスキルを必要とするものも含まれます。社内にすべての分野のスペシャリストが揃っていれば、どんな業務にも対応できるでしょうが、それは現実的に難しいですよね。

しかし、外注を活用すれば、必要な時に必要なだけ専門家の力を借りることができます。例えば、新商品の企画の際、最新のマーケティング手法に詳しい専門家に外注することで、自社では考えつかないような斬新なアイデアが生まれるかもしれません。外注を通して専門家の知識やスキルを活用することで、より高品質な成果が期待できます。

ポイント3：業務効率化の促進

3つ目は「業務効率化の促進」という観点です。外注を上手に活用すれば、社内の限られたリソースを、より重要な業務に集中させられます。

例えば、製造業の会社が製品開発に集中し、経理や人事などの間接部門を外注することで、より革新的な製品を生み出す可能性が高まります。これは、企業の競争力を高める上でも非常に重要な選択といえます。外注の活用は、企業の強みを生かせる分野により多くの時間と労力を割くことを可能にするのです。

このように、外注は現代のビジネス戦略において非常に重要な位置を占めています。では、これらの3つの観点をもう少し掘り下げて、具体的なメリットも解説しておきましょう。

part 1-3 外注で得られる5つのメリット

企業の経営者や事業主にとって、外注にはさまざまなメリットがあります。中でも注目すべきは、次の5つのメリットです。

メリット1：日々のタスクから解放され、戦略的な思考に集中できる

外注を活用することで日々の細かなタスクから解放されれば、経営者は、さらに戦略的な思考や意思決定に時間を割くことができます。これにより、ビジネスの大局を見据えた判断が可能となり、結果として企業の競争力が強化されます。

例えば、新規事業の企画や重要な商談に集中できれば、企業の成長機会を逃さず掴むことができるでしょう。また、自由時間の増加によって、ワークライフバランスが改善されれば、精神的な余裕が生まれ、より創造的なアイデアを引き出しやすくなります。

メリット2：市場の変化やニーズに応じて、柔軟に人員を調整できる

外注を活用すると、ビジネスにおける細かなニーズの変動にも柔軟に対応できるようになります。

例えば、Eコマース事業を運営している企業の場合、年末年始やセール期間中などの繁忙期には、注文処理や顧客対応の業務量が急増します。外注ならば、このような時期にだけスタッフを増やし、閑散期には減らすといった調整が可能です。人員の過不足を避け、常に最適な状態で業務を遂行できます。

また、新規プロジェクトの立ち上げ時や、新商品のパッケージデザインが急遽必要になったときなど、一時的に特定のスキルが必要になった場合にも外注を利用することで対応できます。この柔軟性は、変化の激しい現代のビジネス環境において大きな強みになるはずです。

メリット3：リスクを分散し、事業の方向転換をスムーズにできる

大規模なプロジェクトや、新規事業の立ち上げなど、ビジネスにはリスクが伴うケースも多いものです。外注を活用することで、こうしたリスクを分散させることもできます。

例えば、新しいソフトウェアの開発プロジェクトを立ち上げる場合、業務を細分化してそれぞれの専門家に外注（分業）することで、開発の失敗や遅延に伴うリスクを軽減できます。仮にプロジェクトの途中で問題が発生しても、外注先の

変更や契約の見直しは比較的容易です。

また市場動向が急変した場合には、外注先との契約を調整することで素早く方向転換できます。これは、事業の安定性と成長の可能性を高める大きなメリットであり、特にスタートアップ企業や新規事業に取り組む企業にとっては重要な要素といえるでしょう。

メリット4：外部の知見を活用して、イノベーションを促進できる

外注は、外部の専門家をパートナーとして迎えることでもあります。このことにより、自社の中だけでは気づかなかった課題や機会を発見できる可能性があります。これは、新しいアイデアや視点にも直結しており、イノベーションを促進する上で非常に重要なメリットです。

例えば、マーケティング戦略の立案を外注した場合、外部の知見の活用により、業界の最新トレンドや革新的なアプローチを取り入れることができるでしょう。また、異なる業界の専門家と協働することで、自社の業界での常識を覆す新しいアイデアが生まれる可能性もあります。

こうした外部との交流は、組織全体の視野を広げ、創造性を刺激します。結果として、製品やサービスの改善、新規事業の創出など、企業の成長につながる可能性が高まります。

メリット5：グローバル人材の活用により、国際競争力を強化できる

インターネットの発達により、世界中の人とつながることが容易になりました。現代の外注では、言語や文化の壁を越え、世界中から最適な人材を見つけることができます。

例えば、海外市場への進出を検討している場合、その国の文化や言語に精通した外注スタッフを活用することで、よりスムーズな展開ができるでしょう。また、世界各地の優秀な人材と協働することで、グローバルな視点を養い、国際競争力を高めることも可能です。

さらに、時差を利用すれば、24時間体制の運営も比較的簡単に取り入れられます。例えば、「日本の夜間にアメリカの外注先が作業を行うことで、翌朝には成果物が完成している」といった効率的な運用が可能となるのです。外注先をグロ

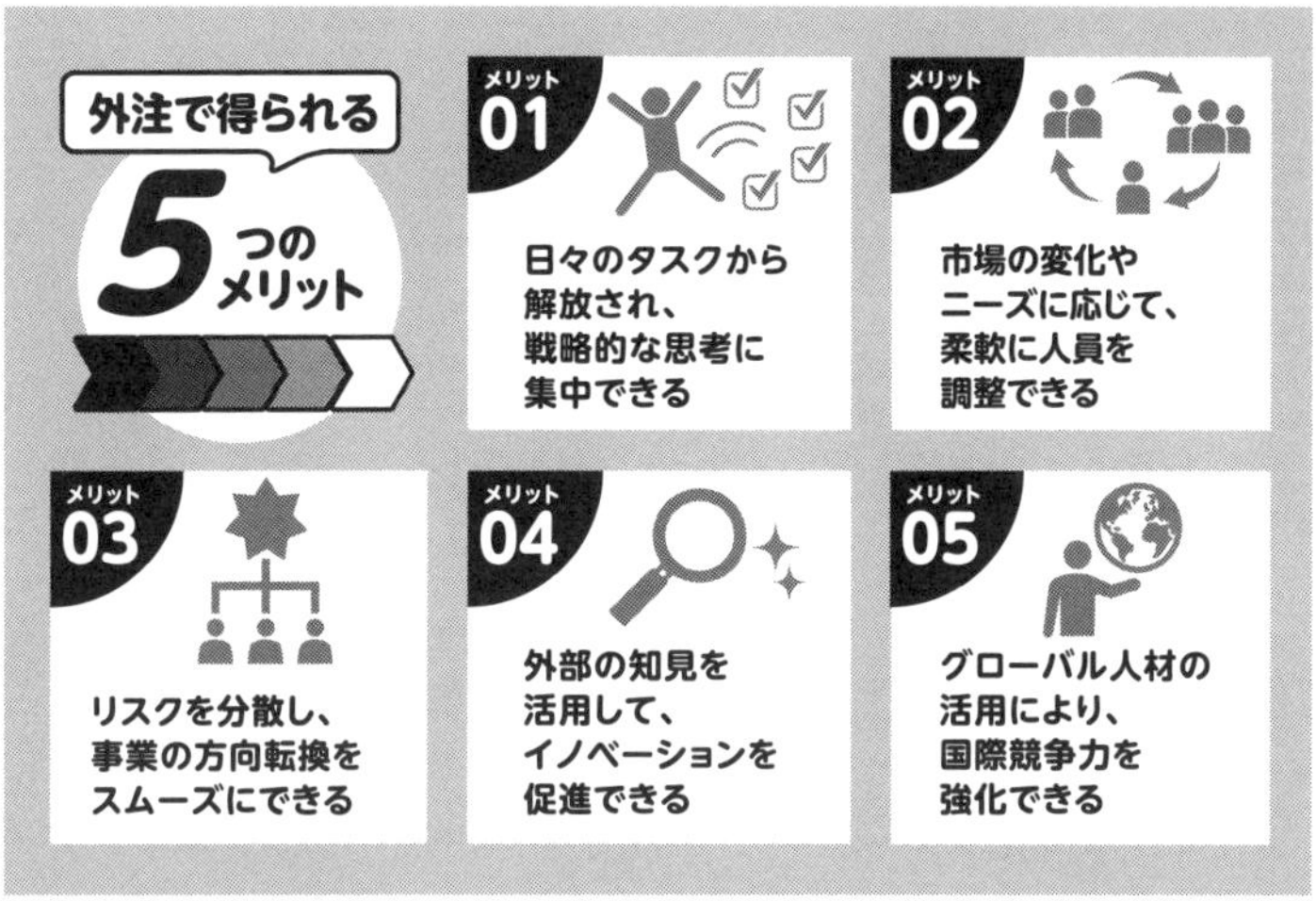
外注で得られる
5つのメリット
メリット 01
日々のタスクから
解放され、
戦略的な思考に
集中できる
メリット 02
市場の変化や
ニーズに応じて、
柔軟に人員を
調整できる
メリット 03
リスクを分散し、
事業の方向転換を
スムーズにできる
メリット 04
外部の知見を
活用して、
イノベーションを
促進できる
メリット 05
グローバル人材の
活用により、
国際競争力を
強化できる

ーバルな人材にまで拡げることで、企業の成長と国際化を加速させる大きなメリットが得られます。

part 1-4

外注の活用段階・3つのレベル

外注は、ビジネスの効率化と成長のための強力な手段です。外注をうまく取り入れることで、企業は自社の強みに集中し、競争力を高めることができます。

とはいえ、初心者がいきなり大きなプロジェクトを外注するのは、なかなか難しいでしょう。外注にも初級から上級までさまざまなレベルがあり、それぞれに適した活用方法があります。

自社のニーズに合ったレベルの外注を選択することで、より効果的にビジネスを展開していくことができます。それでは、初めて外注を取り入れる方から、すでに外注を積極的に活用している方まで、それぞれのステージに適した外注のポイントを見ていきましょう。

外注レベル1：初級

外注を始めたばかりの方や、まだ外注に慣れていない方は「初級」レベルといえます。こうした方々が外注を始めるのであれば、単純作業や小規模なプロジェクトが適しています。

単純作業の外注の例：

データ入力、文字起こし、翻訳、文書のフォーマット変更、簡単なリサーチ、アンケートなど。これらの作業は特別なスキルを必要としないため、比較的低コストでの外注が可能です。

小規模プロジェクトの外注の例：

ロゴデザインの作成、短い記事のライティング、動画編集、簡単なウェブサイトの構築など。これらは単純作業よりも少し複雑ですが、管理しやすい規模のプロジェクトです。

初級レベルの外注は、比較的リスクが低い点がメリットです。小さな作業を誰かに依頼することを通して、発注者として外注のプロセスに慣れることもできます。自分の時間を節約しつつ、もっと重要な仕事に集中できるでしょう。

外注レベル2：中級

中級レベルの外注は、より専門的なスキルを要する作業を対象としています。このレベルでは、単に作業を委託するだけでなく、専門家のスキルや知識を活用することも目的となります。

専門的なスキルを要する作業の例：

本格的なウェブサイトの構築、プログラミング、専門的な記事のライティング

外注の活用段階 ―3つのレベル―

外注レベル	初級	中級	上級
特徴	特別なスキルを必要としない	より専門的なスキルを要する作業	大規模プロジェクトや戦略的な業務
外注例	データ入力、文字起こし、翻訳、文書のフォーマット変更、簡単なリサーチ、アンケート	本格的なウェブサイトの構築、プログラミング、専門的な記事のライティングや編集、動画の制作	複雑なシステム開発、新規事業の企画
メリット	比較的リスクが低い／自分の時間を節約し、重要な仕事に集中できる	高品質な成果物を得られる／自社だけでは難しい高度な作業を実現できる	自社にリソースがなくても、ビジネスの大幅な成長や変革を実現できる

や編集、動画の制作など。これらの作業には特定の技術や知識が必要であり、一般的に初級レベルの外注よりも高額となります。

中級レベルの外注のメリットは、高品質な成果物を得られることです。外部の専門家の視点を取り入れることで、新しいアイデアや改善点が見つかると同時に、自社だけでは難しい高度な作業を実現できます。

外注レベル3：上級

上級レベルの外注は、大規模プロジェクトや戦略的な業務を対象としています。このレベルでは、外注先はただの作業者ではなく、より高度なビジネスパートナーとしての役割を果たします。

大規模プロジェクトの例：

複雑なシステム開発、大規模なマーケティングキャンペーン、新製品の開発など。

戦略的な業務の例：

経営コンサルティング、財務戦略の立案、新規事業の企画など。

上級レベルの外注は、多くの場合、長期的な関係性の構築が前提となります。これらの業務では継続的なパートナーシップが重要となるため、外注先の選定はより慎重に行う必要があります。

上級レベルの外注のメリットは、自社にリソースがなくても、ビジネスの大幅な成長や変革を実現できることです。外部の専門家のスキルを活用することで、自社だけでは難しい大きな挑戦が可能となります。

ただし、大規模なプロジェクトほど、失敗した際の影響も大きくなります。また、機密情報の管理や、外注先との利害関係の調整なども重要な課題となるため、ある程度の外注経験が身についてから検討することが望ましいでしょう。

外注レベル診断チェックシート

現在の外注レベルを診断できるセルフチェックシートを用意しました。以下の質問に回答し、自身の現在の外注レベルの把握に役立てていただければ幸いです。

外注に関するチェックシート

①外注について知っていますか? …… □
②すでに外注していることはありますか? …… □
③クラウドソーシングに登録していますか? …… □
④外注でどのような業務ができるか知っていますか? …… □
⑤クライアントとして発注したことがありますか? …… □
⑥クラウドディレクターを知っていますか? …… □
⑦外注の業務細分化ができていますか? …… □
⑧外注を組織化できていますか? …… □
⑨クラウドディレクターをおくメリットを知っていますか? …… □
⑩人がどのように外注を使っているか知っていますか? …… □

ここから学びましょう!

0〜3個の人

本書と並行して「ラクして成功するなら他力が９割」の本がおすすめです!
・そもそも"他力"とは何か?
・"他力"の魅力や可能性
を理解することができ、その知識があることで本書の理解度がさらに深まります!

4〜7個の人

「業務外注化の教科書」の本がおすすめです!

既に"外注"に触れることができているあなたは、"教科書"でより具体的なノウハウを学ぶことができます!

OMCに入って、経験値のある多数の経営者と共に、迷子部屋相談やグルコンを活用しながら外注スキルを高めていきましょう!

そして、本講座で外注組織化を進めるためにクラウドディレクターを導入しましょう。

8〜10個の人

「時間を取り戻す外注術」の本がおすすめです!

実際に実績のある人の成功例を学んでみましょう!

そうすることで、本書籍で紹介するクラウドディレクター講座で仕事を完全に剥がすことができるはずです!

番外編

外注にコミュニケーションは必須。外注を円滑にしたいすべての方に「年商１億円社長のミリオネア対話術」がおすすめ。

※OMC とは?日本や海外の中小企業オーナー数百人が在籍する外注特化型コミュニティ。詳しくは2章をチェック!

チェックシートの答え

①自分ができないことを人に依頼することです。
自分の時間を確保することができます。

②実は、外注は身近にあります!
例えば、ペットシッター、税理士さんへの確定申告、家族に家事をお願いすることも外注になります。

③クラウドワークス、ランサーズ、ココナラなどで、ワーカーさんは得意なスキルを提供し、クライアントは依頼したい仕事を募集しています。

④「業務外注化の教科書」に載っている内容、簡単なアンケートから経理、事務などのバックオフィスや、ライティングやデザイン、文字起こし、動画編集、漫画制作、HP作成などの制作系、その他システム開発、リサーチなど、簡単な作業から専門的な分野まで多岐に渡って外注が可能です!

⑤募集をかける方法とコンペ式(多数の人の応募から選ぶ方法)やスカウトで特定の人に依頼する方法があります。

⑥クラウドのワーカーを束ねて指示が出せる人のことです。
1つのプロジェクトに必要なタスクを細分化して、それぞれのタスクを適任のワーカーに割り振り、指示を出します。

⑦外注は丸投げする方法と細分化する方法があります。
誰でもできる作業に細分化することで費用を抑え、マニュアル化することができます。

⑧組織化の方法とマインドを本書と外注の書籍で学んでいきましょう。

⑨クラウドディレクターをおくことで外注化をよりスムーズに進められるようになります。メリットとして
(1)知識も経験もないジャンルでも仕事ができ業務範囲が広がる
(2)自分でする作業が減り時間ができる
(3)雇用するより費用を安く抑えられ、業務が拡大できる分売上も上がる
などがあります。

⑩人がどのように外注を使っているか知っていますか?
→本書のコラムと「時間を取り戻す外注術」を読んで、
実例をみてみましょう!

part 1-5 「外注のレイヤー」を意識して役割分担を明確に

外注のスムーズな運用には、適切な役割分担が不可欠です。そして、役割分担を適切に行うためには、外注におけるポジションのレイヤー（階層）を把握しておくことが大切となります。

外注における最も基本的な構造は「オーナー」と「ワーカー」の2層構造です。外注に関わるポジションをピラミッド型で表すと、オーナーは最上位に位置し、全体的な方針や戦略を決定します。オーナーが決定した戦略に沿って、ワーカーが実際の作業を担当するわけです。

ただしこの2層構造では、プロジェクトが大きくなるにつれ、オーナーの負担が増加してしまいます。そこで、この2層の間に「クラウドディレクター」を配置する必要性が出てきます。クラウドディレクターは、オーナーの意向を理解し、オーナーに代わってワーカーを管理する役割を担います。

さらにプロジェクトが増加、もしくはより複雑化した場合には、複数のクラウドディレクターを束ねる「エグゼクティブ・クラウドディレクター」の存在が重要となってきます。

各レイヤーの役割と特徴を、詳しく見ていきましょう。

オーナー

オーナーは、外注プロジェクトにおける最高意思決定者です。プロジェクトの方向性を定め、どの業務を外注するかの決定権を持っています。このため、全体を俯瞰する視点を持ち、ビジネスをどのように成長させるかを考えることが大切です。

オーナーの役割と責任

・ビジネス戦略の策定
・外注する業務の選定
・予算の配分
・品質基準の設定　など

オーナーは、プロジェクトの方向性や方針を決定する権限を持っています。例えば、ウェブサイトの制作を外注する場合、オーナーはサイトの目的や予算、期限などの大枠を決定する必要があるでしょう。これらの要件をワーカーもしくはクラウドディレクターに伝え、実現に向けた具体的な計画を立てるよう指示を出すことが、オーナーの主な役割です。

ワーカー

ワーカーは、実際に作業を行う担当者です。ワーカーの役割は、与えられた作業を期限内に、かつ要求される品質で完了させることであり、フリーランスや副業者などさまざまな形態が存在します。

ワーカーの役割

・具体的な作業の遂行
・期限と品質の遵守
・専門知識・スキルの提供
・オーナーもしくはクラウドディレクターへの報告　など

ワーカーの種類と業務の例

ライター：ブログ記事の執筆、ウェブコンテンツの執筆、製品マニュアルの執筆　など

デザイナー：ロゴデザイン、ウェブサイトのデザイン、印刷物のデザインなど
プログラマー：ウェブサイト開発、アプリケーション開発　など
データ入力オペレーター：各種データのデジタル化、データの整理　など
翻訳者：文書や音声の翻訳　など
音声ナレーター：動画ナレーション、音声ガイド　など

各ワーカーは、自身の専門性を活かして作業を行います。オーナーやクラウドディレクターは、これらの専門家を適切に組み合わせてプロジェクトを遂行していくこととなります。

クラウドディレクター

クラウドディレクターは、外注の組織化に欠かせない存在として近年注目を集めていますが、この言葉自体を「初めて知った」という方もいるかもしれません。

クラウドディレクターとは、インターネットを通じて行われる外注業務を、オーナーに代わって管理・指揮する人のことです。「クラウド」はインターネット上のリソースを意味し、「ディレクター」は指揮者や監督を意味しています。

クラウドディレクターは、オーナーとワーカーの間に立つ重要な存在です。その主な役割は、オーナーの意図を理解して、それを具体的な作業に落とし込むこと。具体的には、ワーカーの選定や管理、進捗の確認などを行います。

クラウドディレクターの役割

・オーナーの意図を理解して、それを具体的なタスクに落とし込む
・ワーカーの選定・管理
・プロジェクトの進捗管理
・オーナーへの報告　など

クラウドディレクターは、プロジェクトの円滑な進行に重要な役割を果たします。例えばウェブサイトの制作プロジェクトであれば、クラウドディレクターが

必要なワーカー（デザイナー、コーダー、ライターなど）を集めてチームを編成し、各ワーカーに具体的な指示を出して、作業の進捗を管理します。

優秀なクラウドディレクターは、プロジェクトの成功率を大幅に向上させます。クラウドディレクターは、オーナーの要求とワーカーのスキルの間のギャップを埋め、コミュニケーション能力を駆使して両者のモチベーションを維持し、プロジェクトを成功に導くことができるのです。

クラウドディレクターについては、第3章でも詳しく解説します。

エグゼクティブ・クラウドディレクター

事業規模が大きくなり、複数のプロジェクトが同時進行するようになると、ワーカーはもちろん、クラウドディレクターの数も増えていきます。そんなときに必要となるのが、エグゼクティブ・クラウドディレクターです。

エグゼクティブ・クラウドディレクターは、複数のクラウドディレクターたちを束ねる立場にあります。大規模なプロジェクトや、複数のプロジェクトが同時進行する場合に必要となる役割であり、オーナーとクラウドディレクターとの間に入って、両者の意思疎通やプロジェクトの進行をサポートします。

エグゼクティブ・クラウドディレクターの役割

・オーナーとの直接的なコミュニケーション
・複数のクラウドディレクターの管理
・プロジェクト間の調整
・ワーカーの採用計画の策定
・戦略的な意思決定　など

エグゼクティブ・クラウドディレクターの役割は、各クラウドディレクターの作業を調整し、全体の進捗を管理することです。オーナーとクラウドディレクターの間に立ち、より戦略的な視点でプロジェクトを推進する役割を担います。

例えば、ある企業が同時に複数の新規事業を立ち上げる場合、各事業にクラウドディレクターを配置し、それらを統括するエグゼクティブ・クラウドディレクターを置くことで、効率的な運営が可能になります。

こうした役割を担うため、エグゼクティブ・クラウドディレクターにはオーナー同様、物事を俯瞰して見ることができる広い視点が求められます。

エグゼクティブ・クラウドディレクターを導入した経営者の一つのモデルケース

クラウドディレクターを導入する事で より時間を有効活用しながら「外注組織化」できる

エグゼクティブクラウドディレクターが入れば、
複数のクラウドディレクターを束ねてもらいより多くの時間が生み出せます。

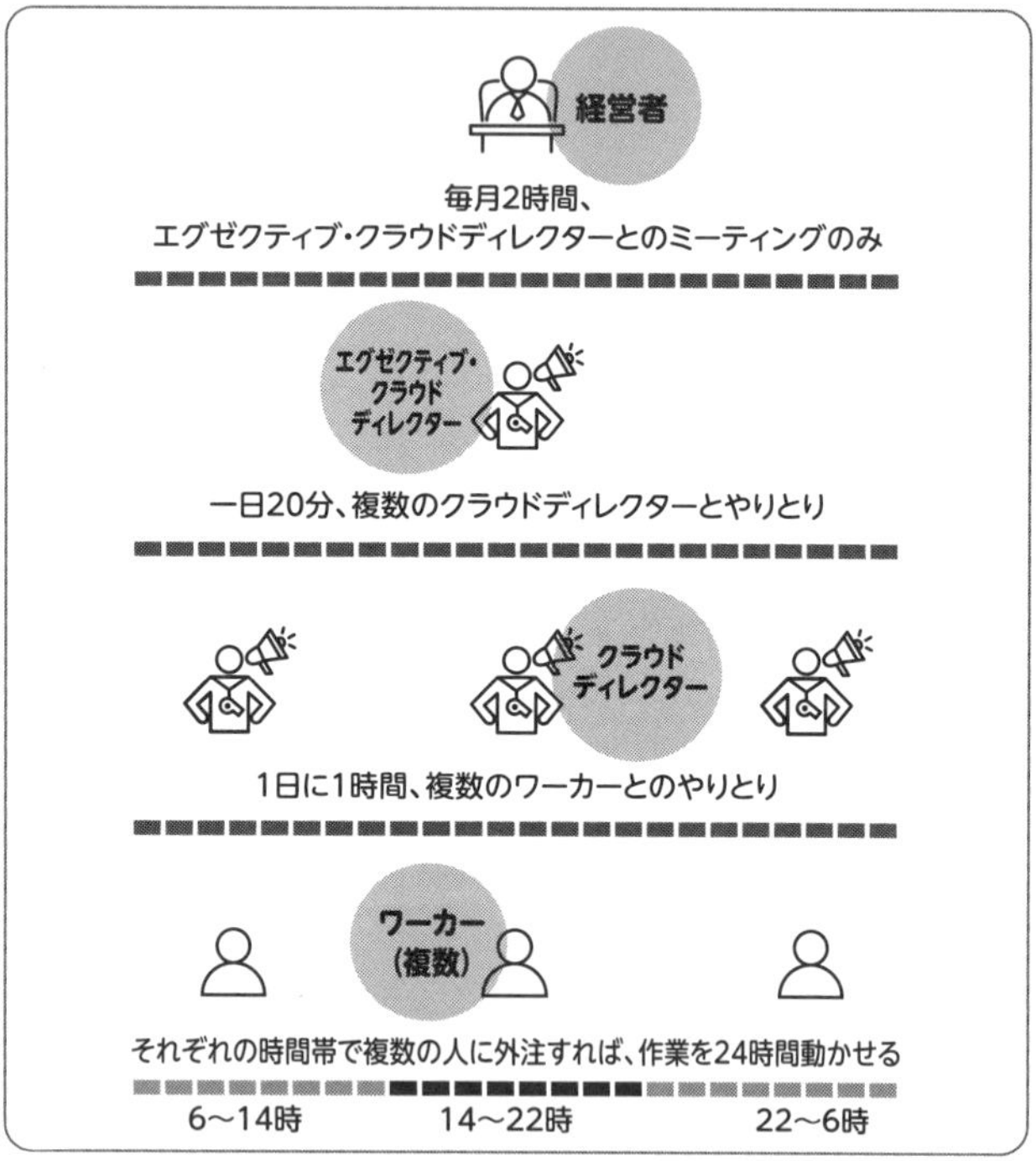

経営者
毎月2時間、
エグゼクティブ・クラウドディレクターとのミーティングのみ
エグゼクティブ・クラウドディレクター
一日20分、複数のクラウドディレクターとやりとり
クラウドディレクター
1日に1時間、複数のワーカーとのやりとり
ワーカー（複数）
それぞれの時間帯で複数の人に外注すれば、作業を24時間動かせる
6〜14時
14〜22時
22〜6時

経営者は、毎月2時間のみで「24時間×30日×3人」の稼働が可能。
クラウドディレクターの数だけ、
自由な時間が増えて業務の拡大もしていく。

part 1-6 各レイヤーの役割と責任：3つのレイヤーの特徴を比較

適切なレイヤー構造を構築すれば、外注をより効果的に活用できます。レイヤー構造の理解をさらに深めるために、ここで各レイヤーの違いや特徴を「責任範囲」「スキルセット」「報酬体系」の3点から比較してみましょう。

これらの違いを理解することで、各レイヤーの役割と責任がより明確になります。

責任範囲の違い

オーナーの責任範囲：

オーナーは、ビジネス全体の成功に責任を持ちます。特に、新規事業の立ち上げやブランドイメージの向上といった会社全体に関わる大きな決定を行い、失敗した場合は会社の存続に関わるリスクを負います。

ワーカーの責任範囲：

ワーカーは、個別の作業の完遂に責任を持ちます。例えば、「ウェブサイト1ページ分のデザイン作成」や「2千文字分の記事執筆」など、具体的な作業を納期までに完了することに責任を負います。作業が不適切だった場合には、修正を求められることもあります。

クラウドディレクターの責任範囲：

クラウドディレクターは、特定のプロジェクトの完遂に責任を持ちます。例えば、ウェブサイトの制作プロジェクトや、特定の商品のマーケティングキャンペーンなど、個別のプロジェクトが納期までに完了するよう、ワーカーの管理を行います。

エグゼクティブ・クラウドディレクターの責任範囲：

エグゼクティブ・クラウドディレクターは、複数のプロジェクトの完遂と成功に責任を持ちます。例えば、マーケティングキャンペーンや新製品開発といった大規模な業務や複数のプロジェクトの同時進行などを、複数のクラウドディレクターを通じて管理します。これらのプロジェクトが失敗した場合、会社の業績に大きな影響を与える可能性があるため、オーナーに近い責任感と広い視野が求められます。

スキルセットの違い

オーナーのスキルセット：
オーナーには、経営者視点や戦略的思考などが求められます。市場動向を読み解いてビジネスチャンスを見出す能力やリスクを適切に把握する能力も必要です。また、従業員やステークホルダーを導くリーダーシップも重要となります。

ワーカーのスキルセット：
ワーカーには、専門的な技術や知識、時間管理能力が求められます。デザイナーであればデザインツールの使用スキル、ライターであれば文章作成能力など、それぞれの分野での専門的なスキルと知識が必要です。また、締め切りを守るための時間管理能力も重要となります。

クラウドディレクターのスキルセット：
クラウドディレクターには、プロジェクト管理能力、コミュニケーション能力、問題解決能力などが求められます。オーナーの意図を理解し、それを達成するために、必要なタスクを各ワーカーに割り振るスキルも必要です。また、ワーカーとのコミュニケーションを円滑に行い、作業の進捗を管理する能力も重要となります。

エグゼクティブ・クラウドディレクターのスキルセット：

エグゼクティブ・クラウドディレクターには、高度なプロジェクト管理能力、戦略的思考、リーダーシップが必要です。複数のプロジェクトを同時に管理するスキルや経験に加え、各クラウドディレクターと円滑にコミュニケーションをとる能力も求められます。また、問題が発生した際に迅速に対応する臨機応変さも重要です。

報酬体系の違い

オーナーの報酬体系：

オーナーは、事業の収益に応じた報酬を得ます。基本的に固定給はなく、事業の成功度合いによって収入が大きく変動するケースが一般的です。事業が成功すれば数千万円から数億円の報酬を得る可能性がありますが、失敗すれば無収入もしくは資産がマイナスになることもあります。

ワーカーの報酬体系：

ワーカーは、作業量や成果物に応じて、あらかじめ定められた報酬を受け取ります。例えば、記事1本につき3千円、デザイン1件につき2万円、といった具合です。多くの場合、固定給はなく、作業量に応じて収入が変動しますが、時給制や月給制など、固定給で外注を請け負うことも可能です。

クラウドディレクターの仕事

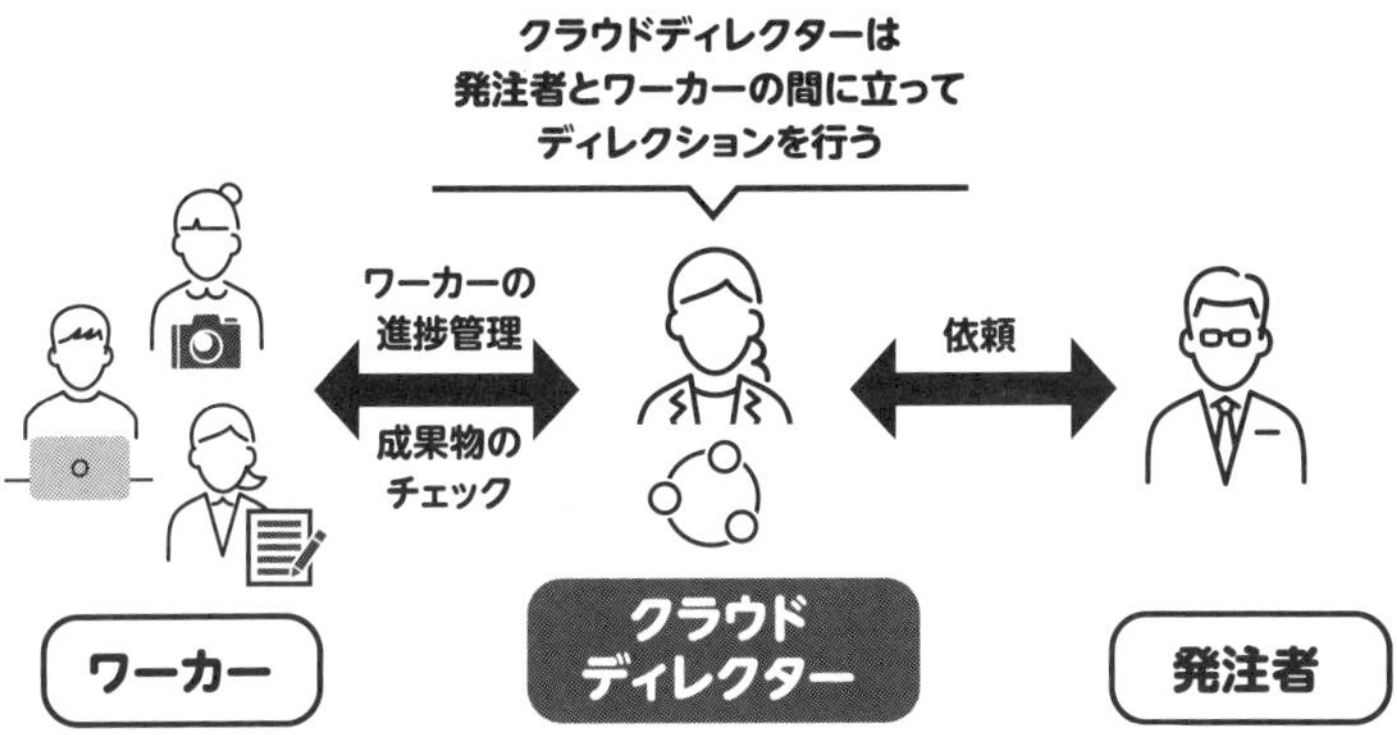

クラウドディレクターの報酬体系：

クラウドディレクターは、固定報酬と成果報酬の組み合わせで報酬を得ることが一般的です。例えば、月額20万円の固定報酬に加えて「プロジェクトの成功時に20〜30万円のボーナス」や「成果に応じてインセンティブを得る」といった形です。

エグゼクティブ・クラウドディレクターの報酬体系：

エグゼクティブ・クラウドディレクターは、高額の固定報酬と成果報酬の組み合わせで報酬を得ることが多いです。例えば、月額50万円の固定報酬に加えて「プロジェクトの成功度合いに応じて数百万円のボーナスを得る」といった形です。

外注を活用する際は、単にワーカーに仕事を振るだけでなく、このようなレイヤー構造を意識することが重要となります。適切な役割分担と責任の明確化により、プロジェクトの成功確率が大きく向上するでしょう。

ビジネスにおいては、ぜひこれらのレイヤーを意識して外注を活用してみてください。初めは戸惑うこともあるかもしれませんが、徐々にコツを掴むことができるはずです。外注のレイヤーを適切に活用することで、ビジネスの成長スピードが加速することは間違いありません。

第1章まとめ

◆外注を活用することで、ビジネスの効率が飛躍的に向上します。「レベル」と「レイヤー」を意識して管理すれば、成功への道がさらに明確になります。

◆外注は、業務を効率化しながら成果の質を高めるのに効果的な手段です。人件費の削減も可能で、より大きな成長のチャンスが広がります。

◆「コスト削減」「専門性の活用」「業務効率化」という3つの強力な理由から、外注はビジネスにとって重要な役割を果たします。

◆外注には、「日々のタスクからの解放」だけでなく、「柔軟な人員調整」や「リスク分散」、「イノベーションの促進」、「グローバルな人材活用」といったさまざまなメリットがあります。

◆外注には初級、中級、上級の3つのレベル（段階）があり、自身に合わせて活用することで大きな効果をもたらします。

◆外注の基本形は「オーナー」と「ワーカー」の2層構造ですが、プロジェクトが複雑化した際には、オーナーとワーカーをつなぐ「クラウドディレクター」が重要な役割を果たします。

◆外注におけるポジションのレイヤー、つまり「オーナー」「ワーカー」「クラウドディレクター」「エグゼクティブ・クラウドディレクター」といった役割を明確にすることで、プロジェクトがスムーズに進行しやすくなります。

書籍紹介

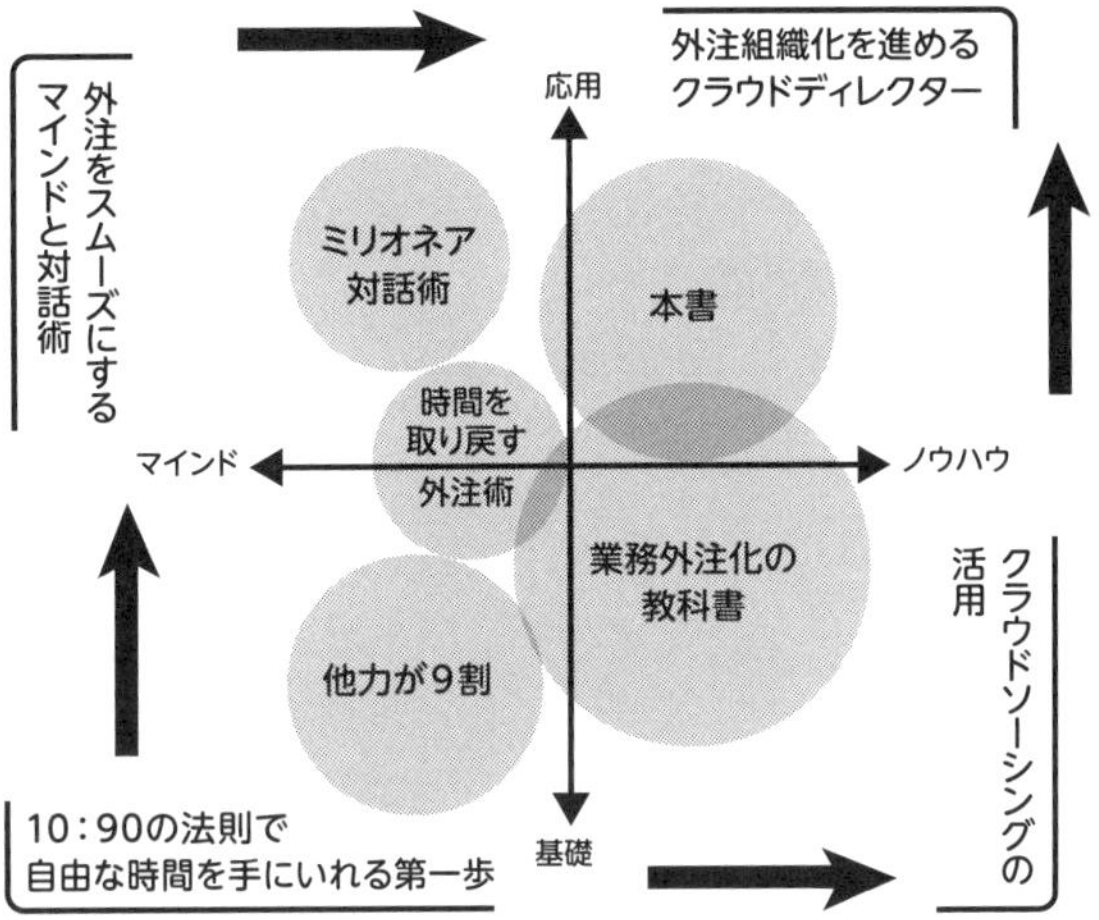

●「外注初心者」の方におすすめの読み方

他力が９割➡業務外注化の教科書➡ミリオネア対話術➡時間を取り戻す外注術

・まずは外注に必要なマインドを学び、身近で簡単なことから実践していきましょう！

●「とにかく実践してみたい！」という方におすすめの読み方

業務外注化の教科書➡他力が９割➡時間を取り戻す外注術➡ミリオネア対話術

・業務外注化の教科書を読んで実際にチャレンジしてみて、そこで生じる悩みについて、他の書籍から解決のヒントを得るのがおすすめです。

●「外注さんとのコミュニケーションをスムーズにしたい」という方や、「外注の質をもっと高めたい」という方におすすめの読み方

ミリオネア対話術➡他力が9割➡時間を取り戻す外注術➡業務外注化の教科書

・どんな場面でも生かせる対話術や、実践的なビジネスマインドを学びましょう。外注の質にも必ず良い変化が現れるはずです。

1 ラクして成功するなら他力が9割
鈴木最強説「10：90の法則」

90%外注して10%の業務に集中！
ビジネスを加速させる
「外注化戦略」目覚めの書

仕事を効率化したいすべてのビジネスパーソンに贈る１冊。「真に重要な１０％の仕事にフォーカスし、それ以外のタスクを他者に任せる」――このシンプルな法則によって、自由な時間を増やしながらビジネスを急成長させることができます。タスクを細分化するコツや外注化によるメリットなど、ビジネス全体をスムーズに進めるための具体的なメソッドが満載です。

クラウドディレクターを目指すあなたに、**ここがオススメ！**

プロジェクト運用に活かせる外注化戦略や、クラウドサービスの活用による効率化のテクニックなど、クラウドディレクターの仕事に必須のノウハウが詰まっています。また、業務効率化やタスクの外注におけるマインドセットも分かりやすく学べます。

合言葉は「外注できない業務はない」
自分も相手もHappyにできるOMC式外注メソッドで、
真の自由人を目指しませんか？

2 年商1億円社長のミリオネア対話術
金脈を引き寄せる雑談力

対話の力で成功を引き寄せる！外注に必須の「人脈」を広げ、ビジネスで輝くためのコミュニケーション術

信頼関係を構築する方法や、効果的なコミュニケーション手法をテーマに、ビジネスで関わる人たちとより良い関係を築くための対話術を解説した1冊です。プロジェクトの成否を左右するのは、やはりコミュニケーション。「俯瞰する視点」の重要性や、相手に応じた柔軟な対話で意見を引き出す手法、さらに自分の意見を効果的に伝えるコツなど、実践的な対話の技術をたっぷり学べます。

クラウドディレクターを目指すあなたに、ここがオススメ！

クラウドディレクターにとって、最も重要な武器といえば「コミュニケーションスキル」。この本を読めば、リーダーとしてプロジェクトを成功に導くための対話力を磨くことができ、多様な背景を持つチームメンバーとの信頼関係を強化する手法を習得できます。

外注の要は人間関係、人脈は金脈。
良いワーカーと良い関係を築くことこそ、
外注組織化成功の秘訣です！

3 副業で年収1億円！ 業務外注化の教科書

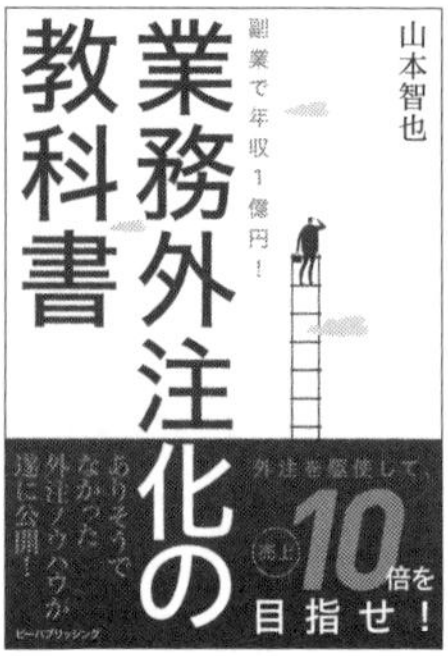

メソッドの実践でミリオネア続出 OMC誕生の原点にもなった 「外注のバイブル」

外注初心者からベテラン経験者まで、すべての人に役立つ知識が詰まった、業務外注化のまさに「教科書」。リソースの最適化、効率的な業務分担、クラウドソーシングサイトの活用法など、外注ノウハウの基本を徹底解説した1冊です。

OMC事務局の鈴木さんは、この本の内容を忠実に実践したことで、年商2000万円の壁を超え、年商1億円まで一気にスケールアップしました。ビジネスのスピードと品質を飛躍的に向上させたい方におすすめです。

クラウドディレクターを目指すあなたに、 ここがオススメ！

外部パートナーとの円滑な協力関係を築き、プロジェクトのリソースを最適化するための手法を、具体的かつ体系的に学べます。クラウドソーシングを活用して複数のプロジェクトを同時に管理し、自身の収入までスケールアップさせるための実践的な知識が満載です。

ありそうでなかった「外注ノウハウを学ぶための本」
業務外注化でビジネスはここまで効率化できる。
適材適所のキャスティングで、お金と自由を手に入れよう！

4 時間を取り戻す外注術 経営者が暇になるためのOMC戦略

OMC式外注の最前線を解き明かす！実例とインタビューで学ぶ、外注化成功の秘訣とノウハウ

外注組織化を考えている、すべてのビジネスパーソンに向けた実践的ガイド。豊富な実例と実践者のインタビューを通じて、OMC式外注に成功している人たちが「何を重視し、どんな行動を起こしたのか」「実際、どのように外注を活用しているのか」をリアルに学べます。具体例や実績を知ることで、あなたのビジネスに外注を取り入れるイメージを持ちやすくなるはずです。さらに、初心者にも実践可能な外注化の手順や、実践の際に意識すべきポイントについても分かりやすく解説しています。

クラウドディレクターを目指すあなたに、ここがオススメ！

外注組織化の全体像を把握し、クラウド技術を活用した効率的なプロジェクト管理を行うための知識とノウハウを身につけたい方必見です。外注化実現までの工程を、図解やポイント解説、豊富な実践例から学べます。クラウドディレクターとして、将来リーダーシップを発揮するための土台を築ける内容です。

外注プロジェクトをスムーズに進行させる、
実践的なテクニックが満載
外注のリアルと成功への道筋を、
先輩たちの生の声から学ぼう！

小さな挑戦から始め、働く時間を3分の1に短縮（タカミネさん）

――クラウドディレクターになったきっかけを教えてください。

もともとSEOやMEOのコンサルティング事業を行っていましたが、一人で業務をこなすのに徐々に限界を感じるようになりました。外注自体には興味があったものの、どのように始めていいか分からず悩んでいたのですが、そんなときにOMC（Outsourcing Master Community）と出会い、コミュニティに参加したことがきっかけで本格的に外注を取り入れるようになりました。

初めての外注は、クラウドワークスを使って小さなアンケートを発注するところからでした。低予算でも確実に仕事を依頼できることを実感し、そこから徐々に大きなプロジェクトへとシフトしていったんです。今では外注チームを編成し、クラウドディレクターとしても活動しています。

――成功につながったポイントは何ですか？

成功のカギは「仕事の可視化」と「業務の細分化」にあったと思います。最初にマインドマップやフローチャートを使って、自分が行うべき仕事を全て書き出し、それを外注できるタスクに細分化していきました。業務を細かく分けることで、各タスクをどんなスキルを持った人に割り振ったら良いかが見えてきます。この過程を通して、メンバーに合った役割分担ができるようになり、チーム全体の生産性が向上していきました。

また、業務を任せた後はあまり細かく口を出さず、ワーカーさんに自由にやってもらうことも大切です。もちろん困ったときはサポートしますが、基本的には自分で考えて進めてもらうようにしています。この

「見守る」姿勢が、チームメンバーの成長を促し、最終的には私自身の負担も減る結果につながっています。

――仕事で直面した課題と、その克服方法を教えてください。

最大の課題は、ワーカーさんとのコミュニケーションの齟齬でした。指示を出してもこちらの意図がうまく伝わらないことがあり、これを克服するために詳細なテンプレートやマニュアルを整備しました。

さらに、ワーカーさんから上がってきた質問や疑問点をFAQ形式でまとめ、同じ質問に何度も答えず済むように工夫しました。こうすることで作業の効率が上がり、チーム全体がスムーズに動くようになったんです。

――クラウドディレクターを目指す人へのアドバイスをお願いします。

まずは、自分一人で全てを抱え込まないことが大切です。私も最初は全ての業務を自分でこなしていましたが、仕事量がどんどん膨らみ、時間が足りなくなってしまいました。月に300時間以上働いていた時期もあります。

でも外注チームを作り、自分はディレクションに徹することで、現在は月100時間以下まで勤務時間が減りました。今後はさらに業務を自分から剥がし、月50時間を目指そうと思っています。

クラウドディレクターへの第一歩としては、小さなことから外注して経験を積むことがおすすめです。小さなタスクで外注に慣れれば、大きなプロジェクトもスムーズに手放せるようになります。失敗を怖がらず、最初の一歩を気軽に踏み出してみてほしいです。

2章 part2

未来を切り開く「OMC式外注」のメリット

従来のビジネスは、すべての業務を社内で完結させることが理想的とされてきた一面があります。しかし現代は、そのシステムがかえって非効率さを生み出すデメリットとなる時代に突入しているのです。

そんな時代の流れの中で、専門的なスキルを持つワーカーを活用する「外注化」や、社外のパートナーと協力し合って事業を成長させる「ビジネスエコシステム」の活用が注目されています。これらの仕組みを活用することで、企業はスピーディーかつ高品質な成果を手に入れることができます。

著者が所属する「ＯＭＣ」は、まさにそのような外注化のメリットを最大限に引き出す場として機能しており、多くの事業者のビジネスがここで新たな可能性を見出しています。

part 2-1 外注特化型コミュニティ「OMC」とは

OMCは、外注化のノウハウを共有し、ビジネスの効率化と成長を目指す有料コミュニティです。「1日240時間（24時間×10倍）を叶えるビジネスコミュニティ」をコンセプトに、ノウハウや事例の研究・シェアを続けています。

このコミュニティの目的は、外注化を通じてメンバーが自由な時間を増やしていくことと、ビジネスの成長を互いに助け合うことにあります。知識や経験に加えて役立つマインドを積極的にシェアし、メンバー同士がリアルな経験を語り合いながら学んでいく場を提供しています。

OMCには、外注化に成功した経営者や個人事業主が多く参加し、それぞれの事業をより効率的にするために、外注の仕方を日々研究しています。外注化が当たり前の環境に身を置くことで、固定観念を打ち破り、新しい発想が生まれやすくなっています。

またOMCでは、オンラインでの交流や定期的なオフ会・勉強会を通じて、メンバー同士のリアルな関係性を構築しています。こうして生まれる横のつながりは、ビジネスチャンスの創出や問題解決の助けとなり、外注化ノウハウのさらなる蓄積を促進しています。

外注特化型コミュニティ「OMC」とは

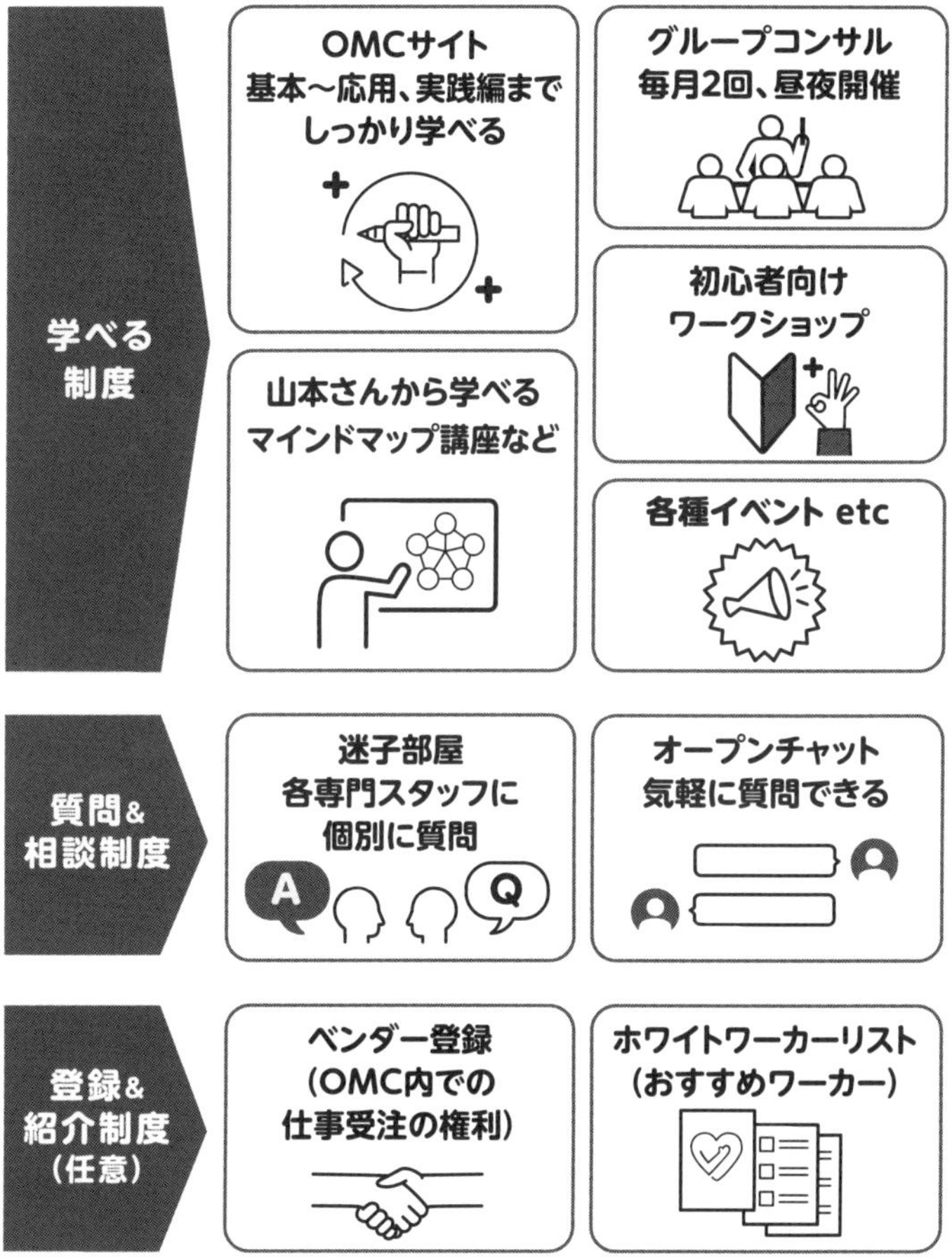
学べる制度
OMCサイト
基本～応用、実践編まで
しっかり学べる
グループコンサル
毎月2回、昼夜開催
初心者向け
ワークショップ
山本さんから学べる
マインドマップ講座など
各種イベント etc
質問&相談制度
迷子部屋
各専門スタッフに
個別に質問
A
Q
オープンチャット
気軽に質問できる
登録&紹介制度（任意）
ベンダー登録
（OMC内での
仕事受注の権利）
ホワイトワーカーリスト
（おすすめワーカー）

part 2-2 OMC式外注の7つの特徴

OMC式の外注は、従来の外注の概念を超え、ビジネス全体の外注化を目指す新しいアプローチです。

以下に、OMC式外注の主な特徴を7つご紹介します。

特徴1：業務を可視化して外注化の可能性を広げる

OMC式の外注では、まず自分の業務をすべて洗い出し、タスクを細分化して「自分以外にも実践可能なタスク」を可視化します。これにより、従来の「外注できない業務」を再評価し、外注可能な範囲を広げます。

特徴2：クラウドディレクターの活用で外注管理を容易に

第1章でご紹介した「クラウドディレクター」の存在が、OMC式外注の要となります。クラウドディレクターは、外注先のワーカーを管理し、プロジェクト全体を監督します。これにより、オーナーはワーカーを管理する業務から解放され、自由な時間を増やせます。

特徴3：柔軟な人材選定で優れたパートナーを発掘

OMC式外注では、外注先をクラウドソーシングなどを活用した従来のルートに限ることなく、クライアントや取引先など、より広範囲の人材との協業も視野に入れます。これにより、専門性の高い人材を最大限に活用することが可能です。

特徴4：「手放す」マインドで外注範囲を最大化

OMC式外注の重要なマインドセットは、「できる限り多くの業務を手放す」ことにあります。従来の「必要な部分だけを外注する」という発想を覆し、どんな業務に対しても外注できる方法を常に探っていきます。

特徴5：ビジネス全体の外注化で重要な業務に集中

「手放す」マインドセットに沿って、単純なタスクだけでなく経営判断や戦略立案など、ビジネス全体の外注化を目指すのも、OMC式の特徴です。これにより、経営者は重要な業務や創造的な仕事に集中できます。

特徴6：外注先をパートナーと捉え、ともに成長

ＯＭＣ式では、外注先（ワーカー）を単なる作業者ではなく、ビジネスパートナーと捉えます。互いに成長を目指し、協力的かつ対等な関係を築くことが、長期的な外注成功のカギです。

特徴7：コスパだけでなくビジネスの成長自体を評価

ＯＭＣ式外注では、個々の作業の完成度やコストパフォーマンスだけでなく、外注化によって得られた時間や成果を重視します。ビジネス全体の成長が、外注の成功を判断する基準となります。

この7つの特徴により、ＯＭＣ式外注は単なる効率化にとどまらず、多くの事業にビジネスモデルの変革をもたらしています。

part 2-3 OMC式外注の導入で得られる5つのメリット

OMC式の外注は、ビジネスに多くのメリットをもたらします。特に注目すべきメリットは、次のようなものです。

メリット1：24時間365日、止まらないビジネス運営

OMC式外注をうまく活用すれば、オーナーは自由なタイミングでいつでもビジネスを動かすことができます。

従来の企業運営では、社員を雇用して社内で分業を行うことが一般的ですが、

この方法には時間的な制約が伴います。例えば、9時から18時までの勤務時間で働く社員に対しては、それ以外の時間に仕事を頼むことが難しく、急な案件や緊急の対応に柔軟に対処できないことがあります。

ここでOMC式外注を活用すれば、24時間365日体制でビジネスを動かすことができます。具体的には、次のような体制を想定してみましょう。

- 6時〜14時に働けるAさん
- 14時〜22時に働けるBさん
- 22時〜6時に働けるCさん

この条件で働く3名のワーカーを外注先に選ぶことで、オーナーは24時間いつでも誰かに仕事を頼むことが可能です。

このように、それぞれの外注先に合った時間帯に業務を振り分ければ、1日24時間切れ目なくビジネスを進行させることができます。社員を雇用する場合と比較して、単純計算で3倍、もしくはそれ以上にビジネスのスピードをアップさせることが可能となるのです。

さらに、タイムゾーンの異なる海外の外注先を活用すれば、「日本の夜間に作業を進めてもらい、朝には成果物が届いている」といった効率的な業務フローを構築することもできます。

OMC式外注の活用により、時間の制約を大幅に緩和し、ビジネスのスピードを飛躍的に向上させることができるのです。

メリット2：必要なときに必要な人材を確保

OMC式外注は、専門性の高い人材を必要なタイミングで活用できます。

従来の雇用形態では、高度な専門知識や技術が業務に必要とされる場合、それらのスキルを持つ人材を常時雇用する必要がありました。しかし、OMC式外注を活用することで、プロジェクトごとに最適な専門家を、必要なタイミングで起用することが可能になります。

例えば、データ分析やAI開発、ブランディング戦略の立案など、専門性の高い業務も、OMC式なら外注が可能です。高度な専門性を持つ人材を外注先に選ぶことで、高品質な成果物の獲得、最新の知見の活用、コスト効率の向上といったメリットが得られます。

この戦略は、特に中小企業や新興企業にとって、大企業と競争する上で重要な武器となるでしょう。

メリット3：無駄を省き、コスト効率を最大化

OMC式外注を導入することで、ビジネスのコスト効率を大幅に向上させるこ

とができます。

従来の雇用形態で社員を雇用する際には、給与、社会保険、福利厚生といった固定費が発生し、業務量の変動に関わらず一定のコストがかかりました。一方、OMC式外注では、必要な時に必要な分だけリソースを確保すればよいため、コストも最適化が可能です。

具体的には、以下のようなコスト削減効果が期待できます。

・**人件費の最適化**

プロジェクトや業務量に応じて外注先を柔軟に調整できるため、過剰な人員を抱える必要がなくなります。繁忙期には多くの外注先を活用し、閑散期には最小限の体制に絞ることで、人件費を最適化できます。

・**オフィスコストの削減**

外注先は基本的にリモートで作業を行うため、オフィススペースや設備にかかるコストを大幅に削減できます。これは特に、都心部での事業展開を考えている企業にとって大きなメリットとなるでしょう。

・教育・研修コストの削減

専門性の高い外注先を活用することで、社内で人材を育成するための教育・研修コストを削減できます。必要なスキルを持った人材をすぐに起用できるため、時間とコストをかけて社内で育成する必要がなくなります。

・福利厚生コストの削減

社員を雇用する場合に必要となる、社会保険や各種手当などの福利厚生コストが不要になります。外注先との契約は業務委託となるため、これらのコストを大幅に削減できます。

ウェブサイトの制作プロジェクトを例に考えてみましょう。従来の方式では、デザイナー、エンジニア、ライターなどを社員やアルバイトとして雇用する必要がありました。しかし、ＯＭＣ式外注を活用すれば、プロジェクトの規模や期間

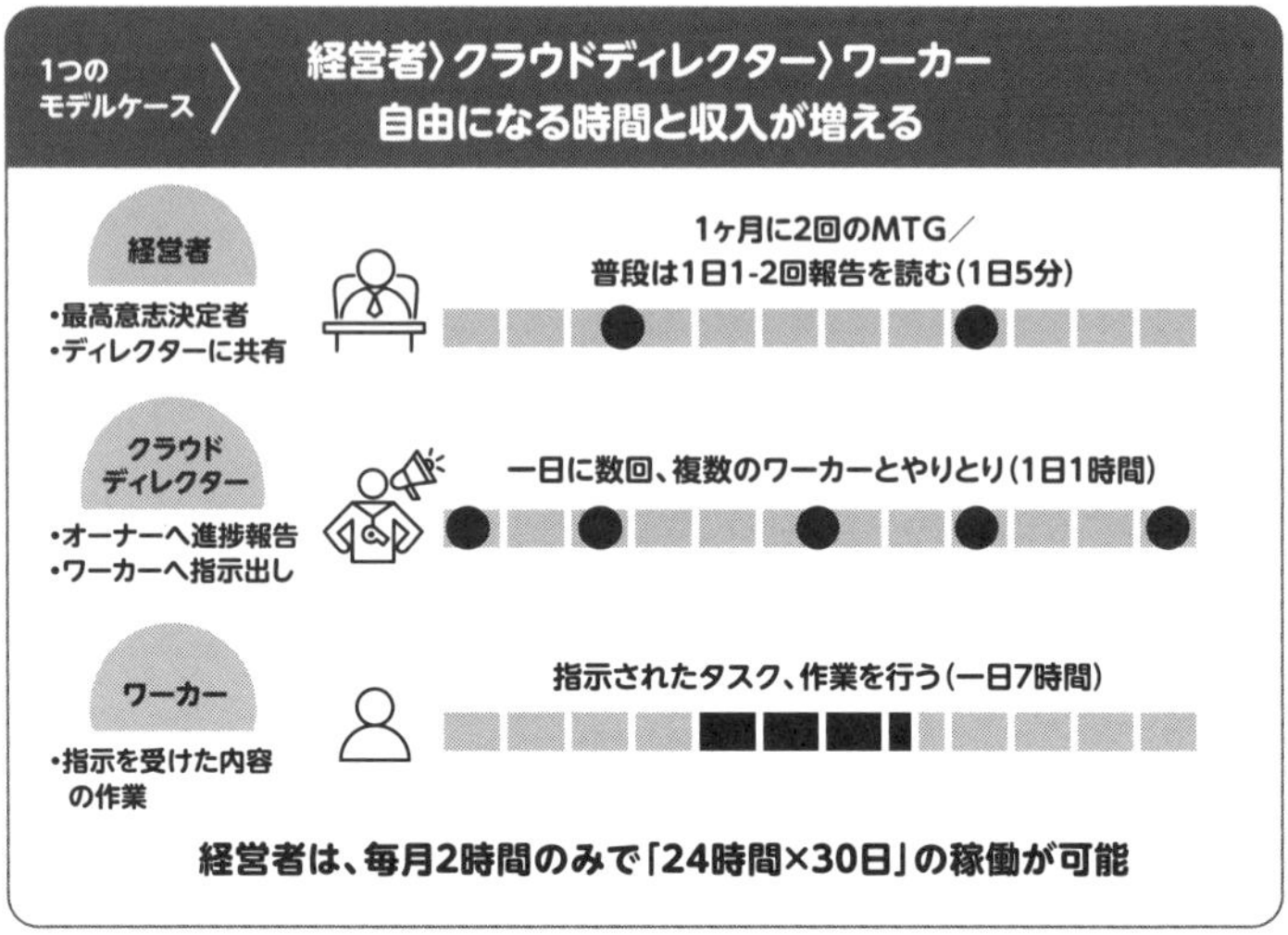
1つのモデルケース
経営者〉クラウドディレクター〉ワーカー
自由になる時間と収入が増える
経営者
・最高意志決定者
・ディレクターに共有
1ヶ月に2回のMTG／普段は1日1-2回報告を読む(1日5分)
クラウドディレクター
・オーナーへ進捗報告
・ワーカーへ指示出し
一日に数回、複数のワーカーとやりとり(1日1時間)
ワーカー
・指示を受けた内容の作業
指示されたタスク、作業を行う(一日7時間)
経営者は、毎月2時間のみで「24時間×30日」の稼働が可能

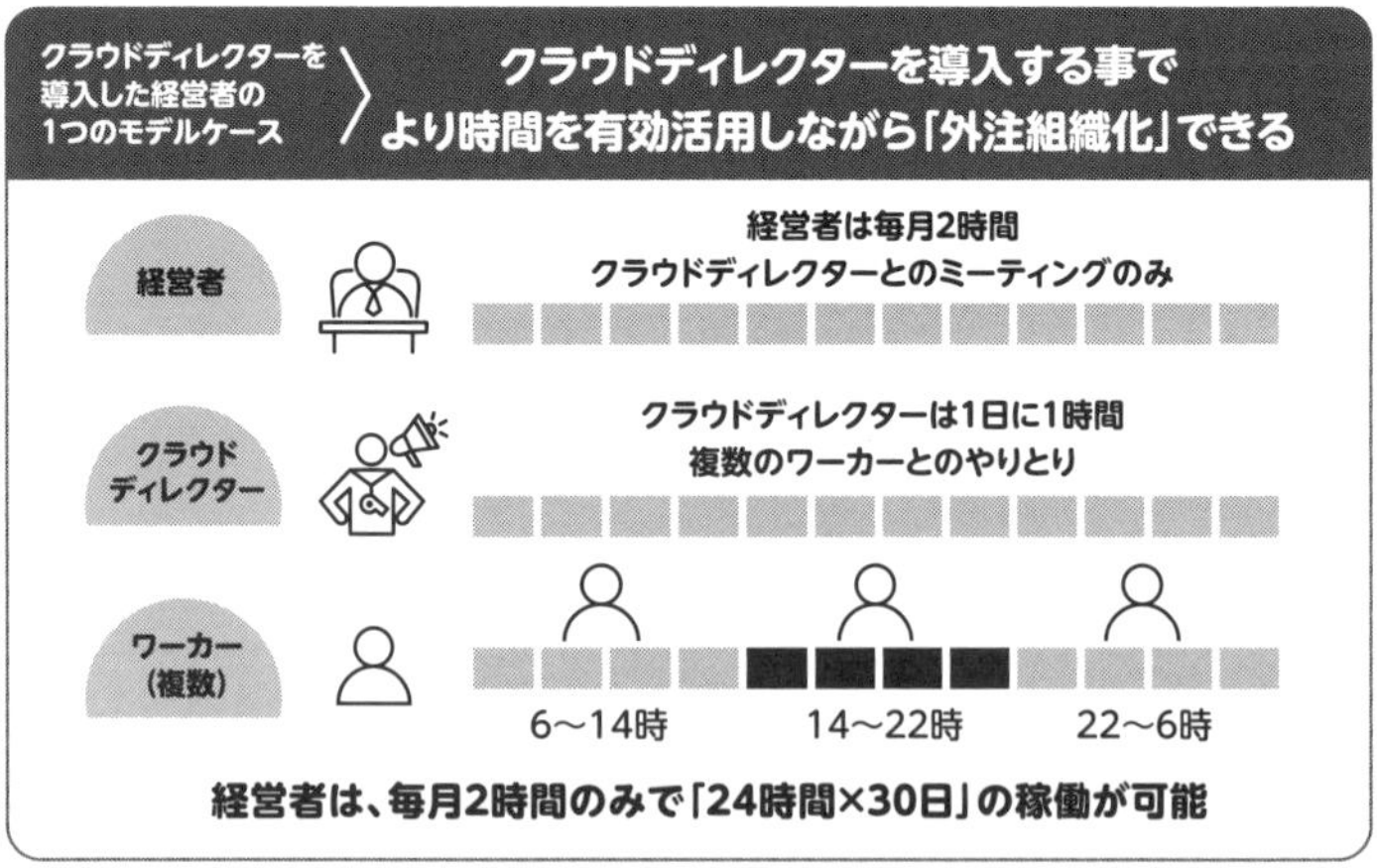
クラウドディレクターを導入した経営者の1つのモデルケース
クラウドディレクターを導入する事でより時間を有効活用しながら「外注組織化」できる
経営者
経営者は毎月2時間クラウドディレクターとのミーティングのみ
クラウドディレクター
クラウドディレクターは1日に1時間複数のワーカーとのやりとり
ワーカー(複数)
6〜14時
14〜22時
22〜6時
経営者は、毎月2時間のみで「24時間×30日」の稼働が可能

に応じて必要な人材を柔軟に確保できます。プロジェクト終了後は契約も終了するため、無駄なコストが発生しません。

このように、ＯＭＣ式外注を活用すれば、ビジネスのコスト構造を大幅に改善し、より効率的な経営を実現できるのです。

メリット4：スピーディーな事業展開を可能に

ＯＭＣ式外注を導入することで、事業全体のスピードを大幅に向上させることができます。

従来の企業運営では、新規プロジェクトの立ち上げや事業拡大の際、人材の採用や育成に多くの時間とリソースを費やす必要がありました。しかし、ＯＭＣ式外注を活用することで、これらのプロセスを大幅に短縮することができます。

迅速なチーム編成、柔軟なリソース調整、24時間稼働体制の構築といったメリットを活かして、プロジェクトの企画からリリースまでの期間を大幅に短縮することも可能です。

ビジネスのあらゆる側面でスピードアップが叶うため、市場の変化に迅速に対応できるでしょう。特に技術革新の速い業界や、競争の激しい市場において、このスピード感は大きな競争優位性をもたらします。

メリット5：受注範囲の拡大で新たなビジネスチャンスを創出

ＯＭＣ式外注を導入することで、業務の受注範囲を大幅に拡大できます。

従来型のビジネスでは、自社の持つリソースや専門性の範囲内でしか仕事を受注できませんでした。しかし、ＯＭＣ式外注を活用すれば、自社にない専門性やスキルを持つ外注先を柔軟に活用し、より幅広い案件を受注することができます。

未経験の分野や自社リソースが不足している業務であっても、優秀な外注先さえ確保できれば、受注することは十分に可能です。例えば、「ウェブサイト制作会社が、クライアントの要望に応じてアプリ開発も同時に提供する」といったケースは想像しやすいのではないでしょうか。

実際に、OMC式外注の活用により、多様な専門分野やグローバル案件への対応、大規模プロジェクトへの挑戦、新規事業分野への進出など、従来では難しかった案件にも柔軟に対応できる事業者が続々登場しています。

受注範囲の拡大は、新たなビジネスチャンスの開拓に直結します。市場の変化が激しい現代のビジネス環境において、この柔軟性は非常に重要な競争力となるはずです。

part 2-4 成功のカギは「他力本願」と「give精神」

OMC式外注を実践する上では「他力本願」と「give精神」を意識することが大切です。業務外注化の成功に欠かせないこの2つの要素について、なぜ必要なのかを分かりやすく解説します。

「他力本願」でビジネスの可能性を無限に広げる

一般的に、「他力本願」という言葉には消極的なイメージがあるかもしれません。しかしビジネスの世界では、むしろこの考え方こそが成功への近道となり得る、重要な概念の1つです。

ＯＭＣが重視する「他力本願」とは、自分の持つ能力や時間について、限界をきちんと把握して、適切に他者の力を活用する考え方です。これは単なる依存ではありません。自分の強みを最大限に発揮しながら、弱みを補完してくれる最適な協力者を見出すという、戦略的なアプローチです。

ビジネスにおいては多様なスキルが求められますが、そのすべてを一人でカバーしようとするのは非効率的です。ここで各分野のエキスパートに適切に外注することができれば、短期間で高品質な成果を得ることが可能になります。これこそが「他力本願」の真髄です。

「他力本願」を意識すれば、経営者は本来集中すべき経営戦略の立案や重要な意思決定に時間を割くことができます。結果として、ビジネス全体の成長スピードが加速し、より大きな成功への道が開かれるでしょう。

「他力本願」は、ビジネスの可能性を無限に広げるカギとなる考え方であり、成功に不可欠な要素といえます。

「give精神」でともに成長し、成功を加速

もう1つの重要な要素が、「give精神」です。自分だけでなく、ワーカーをはじめとする協力者やクライアントにも価値を提供し続けることが、ビジネスに成長と長期的な成功をもたらします。

give精神の実践により、ビジネスは驚くべき速度で発展します。例えば、自分の専門知識やスキルを惜しみなく共有することで、協力者の成長を促進できるでしょう。これにより、チーム全体の能力が向上し、より高度なプロジェクトにも挑戦できるようになります。

また、外注ワーカーに対して、適切かつ魅力的な報酬を提供することで、高品質な成果を継続的に受け取れる関係性を構築できます。これは単なる取引関係を

超え、強力なパートナーシップの形成にもつながります。

さらに、外注ワーカーの仕事に対して建設的なフィードバックを行うことで、互いの成長を加速させることができます。このような相互成長の関係は、ビジネスの可能性を大きく広げる原動力となります。

g·i v e精神により周囲に価値を与え続けることで、より質の高い仕事や新たなビジネスチャンスが返ってくるという好循環が生まれるのです。この精神は、ビジネスの持続的な成長と繁栄をもたらす強力な武器となります。

g·i v e精神を発揮・活用できるシーンの例を、具体的にみてみましょう。

《外注ワーカーへのg·i·veの例》

・スキルアップのための無料トレーニングや勉強会の提供
・業務効率を上げるための、自社開発ツールの無償提供
・成果に応じたボーナスの支給

・ワーカーの悩みを積極的にヒアリングし、成長をサポート
・ワーカーの商品や作品を自社のSNSにて紹介・宣伝　など

《クライアントへのgiveの例》

・業界に関する最新情報や市場分析レポートの共有
・可能な範囲内での追加サービスの無償提供
・取引先の新規事業立ち上げ時に、自社のリソースを活用して支援
・課題解決のため、自社の専門家を無償で派遣
・取引先の商品・サービスを自社のネットワークにて紹介・推薦　など

《協力者へのgiveの例》

・成功事例や失敗談を包み隠さず共有し、互いの成長を促進
・得意分野を活かした無料セミナーや勉強会の開催
・コミュニティ内での協業プロジェクトの立ち上げ
・新規参入者へのメンタリングや相談対応を積極的に行う
・自社のビジネスリソース（オフィススペース、機材など）の開放　など

こうした活動を通じて、外注先、取引先、協力者との信頼関係が深まれば、より強固なビジネスネットワークが構築されます。結果として、新たなビジネスチャンスの創出や、高品質な仕事の継続的な確保、そして互いの成長と成功につながるのです。

g・i・v・e精神は、自社の事業を活性化するだけでなく、参加者全員にとって価値ある環境を創り出す原動力となります。

part 2-5

ＯＭＣ経済圏の未来：無限に広がるビジネスチャンス

ＯＭＣは、メンバー同士が専門スキルを持ち寄り、協力して新たなビジネスを生み出す「ビジネスエコシステム」として急速に成長しつつあります。ビジネスエコシステムとは、参加者が互いに協力し、成長と革新を促すネットワークのことです。

ＯＭＣのコミュニティ内では、メンバー間の協業が活発に行われ、新しいビジネスの可能性が日々広がり続けています。

OMC内で広がる受発注のエコシステム

ＯＭＣは、外注のノウハウを共有するのみにとどまらず、メンバー間で実際のビジネスが活発に行われる、いわば「経済圏」としての機能も備えています。ここでは、メンバー同士の専門性や得意分野を活かした案件の受発注が、適宜行われています。

例えば、ウェブサイト制作のニーズを抱えるメンバーが、デザイナー、エンジニア、ライターといったメンバーに発注する、といった具合です。これにより、高品質な成果物を効率的に作り上げることができます。

案件の受発注を通じて、メンバー同士が互いのスキルや経験を学び合い、ビジネスの幅を拡大していく好循環が生まれています。

協業による新規事業の開発

ＯＭＣ経済圏の魅力は、新たなビジネスアイデアが生まれやすい点にもあります。

例えば、ＳＮＳマーケティングの専門家とコンテンツクリエイターが出会い、新たなソーシャルメディアコンサルティング事業を立ち上げるケースがあります。また、ＩＴエンジニアと経営コンサルタントが協力して、中小企業向けのデジタル化支援サービスを開発するといった事例も生まれています。

このような協業は、互いの強みを掛け合わせ、より革新的で競争力のあるサービスを生み出す可能性を秘めています。ＯＭＣ経済圏は、新しいビジネスの種が芽吹き、成長していく肥沃な土壌となっているのです。

信頼の証「ホワイトワーカーリスト」の活用

ＯＭＣのコミュニティ内では、特に信頼できる外注ワーカーをピックアップした人材のリスト「ホワイトワーカーリスト」が活用されています。メンバーは、このリストを活用することで、信頼できる外注先をスムーズに見つけることができます。

外注先探しは、いわば宝探しのようなもの。案件の成功には、ワーカーの持つスキルはもちろんですが、納期の厳守や円滑なコミュニケーション、安定したクオリティといった要素も重要となります。

ホワイトワーカーリストは、こうした一定の基準を満たすメンバーをリスト化し共有することで、ＯＭＣのメンバーがより信頼性の高い取引を促進し、外注に伴うリスクを最小限に抑えるために誕生しました。

ホワイトワーカーリストは、掲載されるワーカー側にもメリットがあります。ワーカー側は、信頼性を高く評価されることで、案件の受注機会が大幅に増加します。リストに掲載されたワーカーは安定した仕事の提供を受けやすくなり、信頼と評判の向上により、長期的なビジネス関係を築きやすくなっています。

ホワイトワーカーリストは、オーナー側、ワーカー側ともにメリットのある「優良な外注先」のデータベースとして機能しているのです。

未来を創るOMC経済圏の将来展望

OMC経済圏には、今後さらなる発展が見込まれます。現在すでに活発な取引や協業が行われていますが、今後、より大規模で複雑なプロジェクトにも対応できるような体制作りが進められています。

大手企業の業務改革プロジェクトや、地方自治体のデジタル化支援、さらには

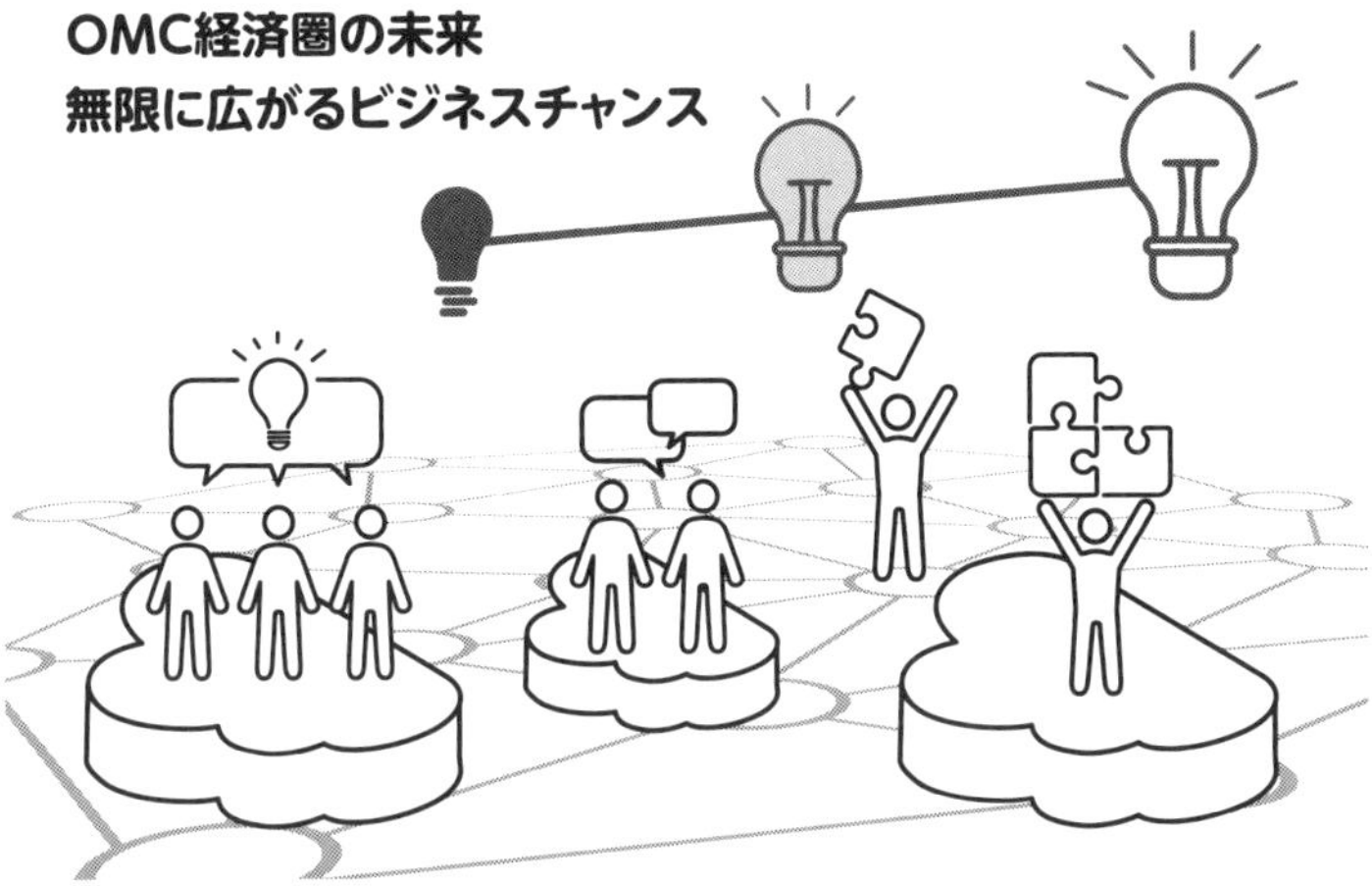
OMC経済圏の未来
無限に広がるビジネスチャンス

ＡＩやブロックチェーンなどの最新技術を活用した新しいビジネスモデルの創出も期待されています。外注化を軸とするＯＭＣには、多様な専門性を持つメンバーが集まっており、技術と事業アイデアを掛け合わせた革新的なサービスも生まれやすくなっています。

ＯＭＣは、従来の雇用形態にとらわれない新しい働き方のモデルケースを提供することも目指しています。個人の専門性を最大限に活かしつつ、必要に応じて柔軟にチームを組むことで、より創造的で生産性の高い仕事が可能となります。この働

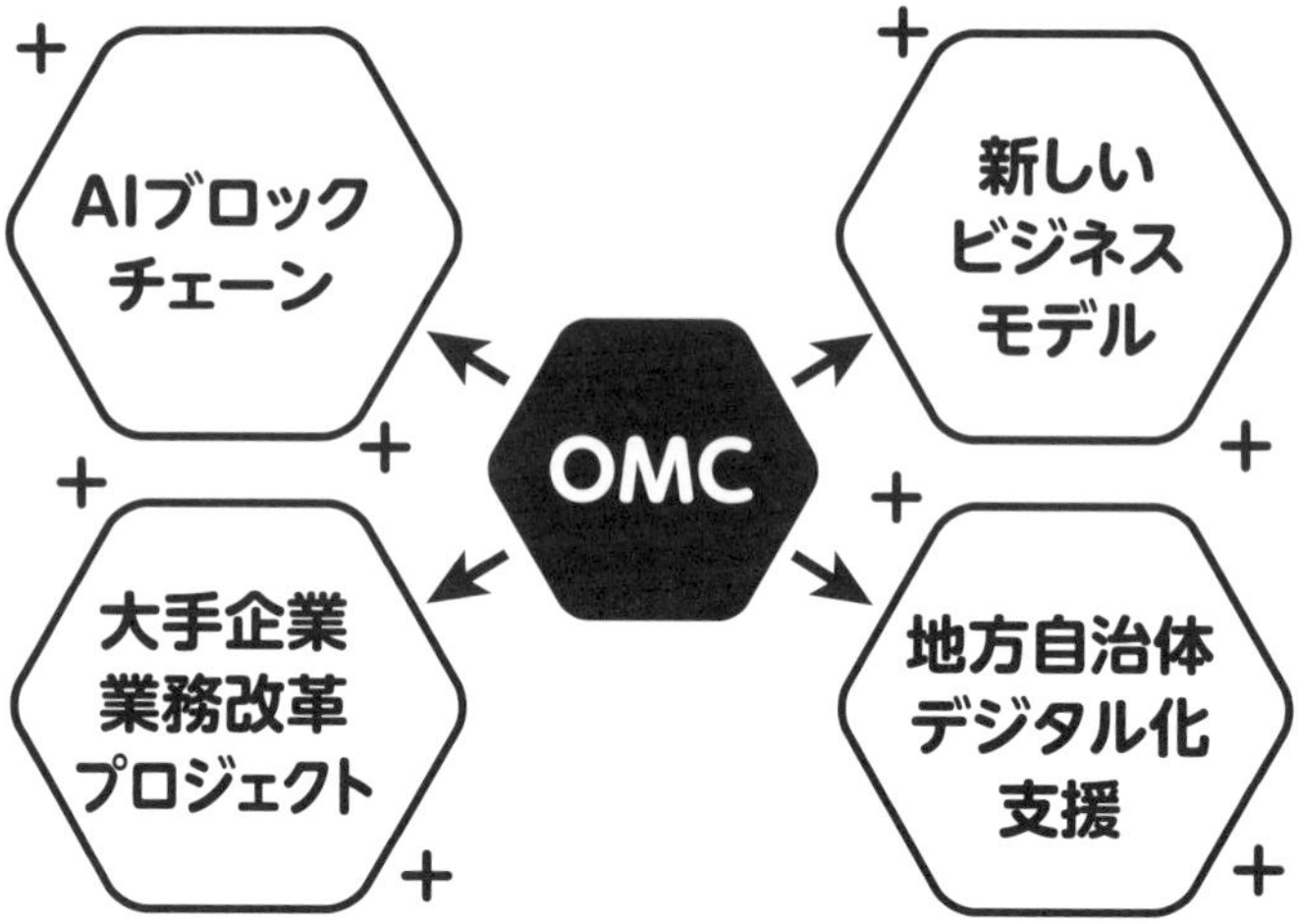

き方を広く提案していくことで、より自由で働きやすい社会が実現するはずです。

第2章まとめ

◆OMC（Outsourcing Master Community）とは、外注ノウハウを共有し、メンバー同士が協力してビジネスを成長させるコミュニティです。外注化に成功した経営者や個人事業主が多く在籍しています。

◆OMC式外注は、「手放す」マインドでビジネス全体の外注化を目指す新しいアプローチです。

◆OMC式外注では、業務の可視化やクラウドディレクターの活用により外注範囲を無理なく広げられるため、経営者は重要な業務に集中できるようになります。

◆外注化成功のカギは、外注先をパートナーと捉え、ともに成長を目指すことです。

◆OMC式外注により、24時間365日ビジネスが稼働し、時間の制約が緩和されます。また、必要なときに必要なだけ人材を活用できるため、無駄を省いてコスト効率を最大化できます。

◆ＯＭＣでは、ポジティブな「他力本願」と「ｇｉｖｅ精神」の実践により、スピーディーな事業展開と新たなビジネスチャンスの創出を可能にしています。

自分軸を重視し「強み」にフォーカス、収入も3倍に（ガクさん）

――クラウドディレクターになったきっかけを教えてください。

クラウドディレクターを始めたきっかけは、外注化の可能性に感動したことです。自分はもともと、営業代行やセミナー講師として働いていましたが、仕事は「できるからやる」というスタンスで、特に強いこだわりはありませんでした。それがある日、山本智也さんの著書『業務外注化の教科書』と出会い、その内容に驚きました。

本の内容に触発されて、自分でも実際に外注を試してみた際に、そのコスパと効率性を目の当たりにして「これは凄い」と実感したんです。それ以来、外注化の可能性を追求し始め、インスタグラム運用なども完全に外注するようになりました。

――成功につながったポイントは何ですか？

「強みに特化したこと」だと思います。外注化を始めたことで、自分が本当に得意な部分に時間を集中させることができるようになりました。

私の強みは「寄り添い力」と「タスクの洗い出し」です。寄り添い力とは、クライアントのニーズに寄り添い、そのニーズを「どうすれば実現できるか」と考える力です。そしてタスクの洗い出しとは、何が必要で何が不要かを明確にするスキルといえます。

この2つの能力は、クラウドディレクターとしての役割に直結しています。結果的に複数のプロジェクトを同時に進めることができるようになり、収入も約3倍に増えました。

──仕事で直面した課題と、その克服方法を教えてください。

一番の課題は、外注化によって「なんでもできる」という錯覚に陥ってしまったことです。外注化の手段を知ったことで「あらゆることを引き受けられる」という意識が高まり、一気に仕事を受注しすぎてパンク寸前になってしまいました。

この時に大切だと学んだのは「自分軸を持つこと」。つまり、単に仕事を引き受けるのではなく、自分の価値観やビジネスの理念に基づいて選択と集中を行うことが重要だ、ということです。私の場合は「寄り添い力」を中心に据え、共感できるプロジェクトに集中することで、課題を克服しました。

──クラウドディレクターを目指す人へのアドバイスをお願いします。

「お金が理由で断ろうとしていることは、やった方がいい」ということです。お金以外の要素に価値を見出せるのであれば、あきらめずに挑戦すべきだと思います。

また、キャパオーバーに気をつけつつも、まずは「できます」と言ってみるのも１つの手です。最初から自分の限界を決めると、学ぶ機会が減ってしまいます。特にクラウドディレクターになりたての頃は、いろいろ経験してみてから自分に合ったものを絞っていく方が、広い視野を持つことができます。

そして、正しいメンターを見つけることも大切だと思います。自分よりも広い視野でアドバイスをくれる存在がいると、自分の成長を加速させることができます。

3章 part3

クラウドディレクターとは

ビジネスの世界は今、かつてない速さで変化しています。デジタル技術の進歩により、企業の運営方法や仕事の進め方は大きく変わりつつあります。この変革の波の中で、特に注目を集めているのが外注システムの活用です。

そして、外注というビジネスモデルの中核を担う存在として、クラウドディレクターのポジションの重要性が高まっています。

この章では、第1章でもご紹介したクラウドディレクターについて、その魅力をさらに深掘りしていきます。

part 3-1 クラウドディレクターの重要性

デジタル化が進む現代のビジネス環境において、クラウドディレクターの存在は不可欠となりつつあります。それは、クラウドディレクターが企業と専門家（フリーランスや個人事業主など）をつなぐ架け橋となり、プロジェクトの円滑な進行と成功を支える重要な役割を果たすためです。

実際、すでに多くの企業がクラウドディレクターとして活躍できる人材を求めています。求人を出している企業は少ないものの、著者が多くの経営者と接する中でよく聞く言葉が「クラウドディレクターを紹介（もしくは派遣）してほしい」というものです。

クラウドディレクターの需要は、大手企業から新興のスタートアップまで、幅広い範囲に及んでいます。つまり、クラウドディレクターを目指す人にとって、キャリアの選択肢は非常に豊富といえるでしょう。

さらに、クラウドディレクターとしての経験やスキルは、自身が起業したり、経営者のポジションについたりする際のキャリアにも直結します。これは、多様なプロジェクトを管理しつつさまざまな分野の専門家と協働するクラウドディレクターの仕事を通して、ビジネスの全体像を把握する能力が養われるためです。

収入面での魅力も見逃せません。クラウドディレクターの仕事は、実際の作業を行うワーカーに比べて単価が高く、1案件につき数万〜十数万円となるケースが一般的です。クラウドディレクターとして経験を積み、複数のプロジェクトを同時に管理できるようになれば、月収100万円以上も夢ではありません。もちろん、これには相応のスキルや勉強が必要ですが、可能性が開かれていること自体が大きな魅力といえるでしょう。

このように、クラウドディレクターは、現代のビジネス環境において大きな可能性を秘めた職業なのです。

part 3-2

将来性と仕事の魅力

クラウドディレクターの仕事には、いくつもの大きな魅力があります。

魅力1：自分のペースで仕事ができる

クラウドディレクターの仕事における魅力の1つは、時間の自由度の高さです。この仕事は基本的にリモートワークで行えるため、自分のペースで進められます。

この自由度を活かし、複数の案件を同時に進行させることもできます。例えば、「書籍制作プロジェクトを進めながら、同時にマーケティングキャンペーンのディレクションを行う」といったことができるため、収入源を複数確保することが可能です。

魅力2：努力次第で高収入を得られる

クラウドディレクターの収入モデルは、一般的な会社員とは異なり、案件ごとの報酬や成果に応じたボーナスなどで変動します。

例えば、「書籍制作プロジェクトで月15万円、マーケティングキャンペーンのディレクションで月30万円」というように、月に複数の案件をこなして収入アップも目指せます。自身の能力と努力次第で、大きく収入を伸ばせる可能性があるのです。

魅力3：世界中どこでも仕事ができる

業務内容にもよりますが、クラウドディレクターの仕事の多くはオンラインで完結します。つまり、インターネット環境さえあれば、世界中どこでも仕事ができるのです。

この特性を活かし、旅行先で仕事をしたり、地方に移住しながら都市部の仕事を請け負ったりすることも可能です。仕事と休暇を柔軟に組み合わせられる「ワーケーション」という働き方も、比較的容易に叶えられます。

魅力4：どんな業界でも活躍できる

クラウドディレクターの仕事には、業界の垣根がありません。あらゆる業界のさまざまなプロジェクトを手がけることが可能なため、憧れの業界に飛び込むチャンスが常にあります。

多様な経験を通じて、幅広い知識とスキルを獲得することは、クラウドディレクター自身の市場価値を高めることにもつながります。好奇心旺盛な人や、「常に新しいことにチャレンジしたい」と感じている人にとっては、まさにぴったりの仕事です。

魅力5：起業に役立つスキルが身につく

クラウドディレクターとしての経験は、将来、自身でビジネスを立ち上げる際の資産にもなります。プロジェクト管理のノウハウや、幅広い業界知識、そして多様な人脈は、起業する際に強力な基盤となるでしょう。

実際、多くのクラウドディレクターが、その経験を活かして自身のビジネスを立ち上げています。ＯＭＣにも、コンサルティング会社の設立やクラウドワーカーの仲介業など、さまざまな形でビジネスを展開しているメンバーがたくさんいます。

クラウドディレクターの仕事は、単なる職業経験を超え、将来ビジネスチャンスを掴むための重要な足がかりとなるのです。

以上がクラウドディレクターの主な魅力です。自由度が高く、努力次第で大きな成果を得られる上に、将来役立つさまざまなスキルも磨ける、やりがいのある仕事といえるでしょう。

そんなクラウドディレクターの仕事について、ここからはさらに詳しく解説していきます。

将来性と仕事の魅力

時間が自由
24h
複数の案件を同時に進行
案件ごとの報酬：努力次第で、大きく収入を伸ばせる可能性
¥
場所が自由⇒ワーケーションが可能
業界の垣根がない
憧れの業界での仕事の可能性
起業するための資産ができる
¥

part 3-3 クラウドディレクターの3つの役割

クラウドディレクターは、プロジェクトの進行において「指揮者」「料理人」「通訳者」の3つの役割を担います。それぞれの役割について詳しく見ていきましょう。

1「指揮者」としての役割

クラウドディレクターには、異なる役割を果たすワーカーを束ねて調整し、プロジェクト全体のスムーズな進行を叶えることが求められます。

プロジェクトをオーケストラに例えると、実際に作業を行うワーカーは、さまざまな楽器を演奏する演奏家のようなもの。そして、指揮者のようにワーカーを導き、プロジェクトを成功に導くのがクラウドディレクターの役割です。

オーケストラの演奏が指揮者の腕前で決まるように、クラウドディレクターの手腕はプロジェクトの成果に大きな影響を与えます。

2 「料理人」としての役割

クラウドディレクターは、プロジェクトにおける「料理人」の役割も果たします。料理人がさまざまなレシピを使い分けるように、クラウドディレクターはプロジェクトごとに最適な進め方を見極める必要があるのです。

例えば、レストランで大量に料理を作る場合には、野菜を切る人、肉を焼く人、鍋を見る人、調理器具の片付けや準備を担当する人……といった仕事の割り振りが重要となるでしょう。このように、スタッフに適切な役目を割り振り、全体のバランスを見ながらプロジェクトを進行させて最高の結果を導き出すことが、クラウドディレクターの仕事です。

料理人のスキルは、基礎さえ身につけていれば、和・洋・中どの分野でも応用がききます。1種類のレシピを極めた料理人は、他の多くのレシピも美味しく作ることができるでしょう。

これと同じで、クラウドディレクターのスキルもさまざまな分野に応用がききます。つまり、クラウドディレクターとして1つの分野で成功経験を積むことができれば、他の分野でも活躍できる可能性が高いのです。

3 「通訳者」としての役割

もう1つ、クラウドディレクターの重要な役割として、プロジェクトのオーナー（クライアント）とワーカーの間を取り持つ「通訳者」としての機能があります。

オーナーの要望を的確に理解し、それをワーカーが実行可能な具体的なタスクに落とし込む。一方で、ワーカーからのフィードバックをオーナーに分かりやすく伝える。この双方向における「通訳」が、プロジェクトの円滑な進行には欠かせません。

クラウドディレクターは、オーナーの「夢」をワーカーの「技術」で実現させる、重要な役割を担っています。

part 3-4 具体的な5つの業務

プロジェクト全体を見渡し、細部にまで気を配る必要があるため、クラウドディレクターの仕事は多岐にわたります。具体的な業務について、主な例をご紹介しましょう。

プロジェクト全体の設計と管理

まずは、プロジェクト全体の設計と管理です。ここではプロジェクトの達成に向けて、オーナーの要望をきちんと理解し、それを実現可能な形に落とし込んでいきます。具体的には、プロジェクトの目標設定、スケジュール作成、必要なリソースの見積もりなど、全体の青写真を描きます。

この過程では、成功に必要な要素を見極め、潜在的なリスクを予測する力が求められます。クラウドディレクターは、常に先を見据えながら、プロジェクトを正しい方向へ導いていく羅針盤の役割を果たすのです。

コミュニケーションの橋渡し

クラウドディレクターは、プロジェクトにおけるオーナーの意図を正確に把握し、ワーカーに伝えます。同時に、ワーカーの進捗状況や課題を把握し、適切な頻度やタイミングを守ってオーナーに報告することも大切です。

例えば、オーナーの抽象的なビジョンを具体的なタスクに落とし込んだり、技術的な問題をオーナーにも分かりやすく説明したりすることが求められます。

効果的なコミュニケーションは、プロジェクトの成否を分ける重要な要素となります。クラウドディレクターの仕事では、単なる情報の受け渡しではなく、双方の立場を理解した上で、適切な形で情報を翻訳し伝達するスキルが重要となります。

タスクの細分化と適材適所の人材配置

大きなプロジェクトを任された場合は、必要な業務を洗い出し、それを小さなタスクに分割して、最適な人材を配置するのもクラウドディレクターの役割です。これは、カレー作りの工程を「野菜を切る」「肉を焼く」「ルーを作る」などに分け、それぞれの得意分野を持つ人に任せるようなものです。

クラウドディレクターは、各ワーカーの強みと弱みを把握し、プロジェクトの要件と照らし合わせて最適な人材配置を行います。これにより、プロジェクト全体の効率と品質を高めることができるでしょう。

品質管理とリスクマネジメント

プロジェクトの品質を一定以上に保つことも、クラウドディレクターの重要な責任です。各ワーカーの成果物をチェックし、必要に応じてフィードバックを行います。また、プロジェクト全体の品質基準を設定し、それが満たされているかを常にチェックしながら進めていきます。

常にプロジェクトの進捗を監視し、必要に応じて軌道修正を行うことが求められます。作業の流れを分析し、より効率的な方法がないか検討したり、ボトルネックとなっている工程を改善したりするのも、クラウドディレクターの腕の見せ所です。

プロジェクトにおいて発生し得るトラブルやリスクを予測し、それに対する対策を講じることも大切な役目です。作業の遅延や予算超過、品質低下といったリスクを避けるため、早期に対応策を準備することが求められます。

チームのモチベーション管理

クラウドディレクターは、チームのモチベーションを高く保つ役割も担います。そのためには、各ワーカーの貢献をきちんと評価し、精神面、報酬面ともに適切なフィードバックを行うことが大切です。

また、問題が発生した際には、責任を追及することよりも建設的な解決策を見出すよう努めます。チーム全体が良好な関係性を維持できるよう工夫しつつ、プロジェクトの目標達成を目指すことが求められます。

以上が、クラウドディレクターの主な仕事です。これらを適切にこなさなければ、プロジェクトを成功に導き、オーナーとワーカー双方の満足度を高めることはできません。

次の項目では、そのために必要な資質やスキルについて見ていきましょう。

part 3-5 求められる資質とスキル

クラウドディレクターとして成功するためには、いくつかの資質とスキルが求められます。クラウドディレクターに求められる主要な資質とスキルについて、詳しく見ていきましょう。

コミュニケーション能力

クラウドディレクターの仕事では、優れたコミュニケーション能力が求められます。オーナーとワーカーの橋渡しをするためには、こまめで丁寧なコミュニケーションが欠かせません。

特に身につけておきたいのが、傾聴力や表現力です。また、オンラインでのやりとりが中心となる仕事であるため、明確で気持ちの良い文章を書く力も重要となります。

スピード感

外注のメリットの1つは、スピーディーに業務が遂行できる点です。クラウドディレクターには、このメリットを最大限に活かすためのスピード感が求められます。

例えば、ワーカーからの質問に対しては可能な限り早く回答し、作業の遅延を防ぐ必要があります。また、オーナーからの要望にも迅速に対応し、プロジェクト全体の進行に支障が出ないよう調整する能力が求められます。

迅速な意思決定と素早いフィードバック、効率的なタスク管理などを意識することが重要です。

細やかな気配り

細やかな気配りも、クラウドディレクターの仕事に必須です。クラウドディレクターの細やかな配慮が、プロジェクトの円滑な進行や、オーナーとワーカー双方の高い満足度につながります。

気配りの元となるのは、高い共感力と観察力です。例えば、ワーカーの作業ペースが遅くなっていることに気づいたら、個別に声をかけて問題がないか確認する。あるいは、オーナーの言葉から不安を感じ取ったら、詳細な進捗報告を行って安心感を与える。このような細やかな配慮が、プロジェクトの成功には不可欠といえるでしょう。

リーダーシップ

クラウドディレクターには、プロジェクトを成功に導くリーダーシップが必要です。ここでいうリーダーシップとは、単に「上から指示を出す」ということではなく、チームメンバーの能力を最大限に引き出し、全員が同じ目標に向かって協力できる環境を作る能力という意味です。

具体的には、明確なビジョンを示し、各メンバーの役割を明確にすること。また、問題が発生した際には迅速に対応し、チーム全体をサポートすることが求められます。時には厳しい決断を下す必要もありますが、その際もチームの士気を高く保つことを意識しなければなりません。

オンラインでのコミュニケーションが中心となるクラウドソーシングの世界では、チームの一体感を醸成することは比較的難しくなります。しかし、定期的なオンラインミーティングの開催や、個別の声かけなどを通じて、チームの結束力を高めることは十分に可能です。

柔軟性と適応力

ビジネスを取り巻く環境は、常に変化しています。外注の分野においても、新しい技術やツールの登場、オーナーの要望の変更、予期せぬ問題の発生など、さまざまな変化に適応する能力が必要です。

クラウドディレクターには、柔軟な思考と迅速な対応力を持ち、常に最適な解決策を見出す姿勢が求められます。例えば、予定していたワーカーが急に業務を遂行できなくなったときには代替案を提示するなど、「こうあるべき」という固定観念に囚われず、状況に応じて柔軟に対応することが大切です。

また、新しい技術やツールにも積極的に挑戦する必要があるでしょう。クラウドソーシングの世界では、効率を高める新しいツールが次々と登場します。これ

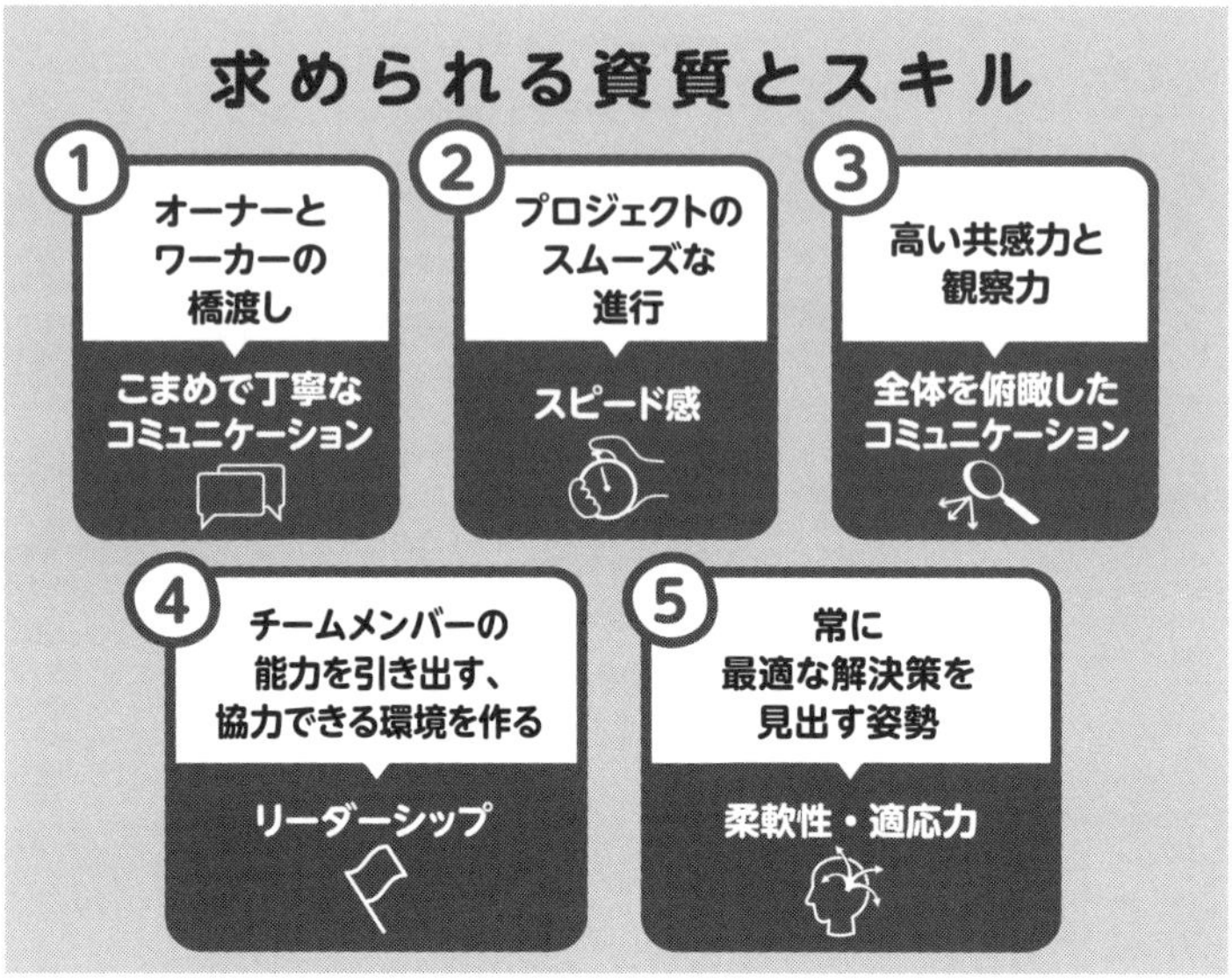

らを積極的に学び、プロジェクトに取り入れることで、より効率的な管理が可能になります。

以上が、クラウドディレクターに求められる主な資質とスキルです。これらは、意識的に磨いていくことで確実に向上させることができます。日々の業務の中で、これらの能力を意識的に活用し、経験を積み重ねていくことが、クラウドディレクターとしての成長につながるはずです。

part 3-6 クラウドディレクターのキャリアパス

クラウドディレクターとしてのキャリアは、経験を積むにつれて多様な方向に発展していきます。クラウドディレクターとしての成長過程と、将来的なキャリアの可能性について見てみましょう。

複数プロジェクトの同時管理

クラウドディレクターとしての経験を積むにつれ、複数のプロジェクトを同時に管理できる能力を習得できます。これは単なる作業量の増加ではなく、より高度なマネジメントスキルの獲得を意味します。

異なる分野の知識を組み合わせて、より創造的な解決策を生み出すことができるのも、クラウドディレクターの仕事の良いところです。多様な分野のプロジェクトを同時進行する際は、各プロジェクトの優先順位を適切に設定し、リソースを効率的に配分することが重要となります。

エグゼクティブ・クラウドディレクターへの道

さらにキャリアを積むと、エグゼクティブ・クラウドディレクターとしての道も開けます。エグゼクティブ・クラウドディレクターとは、複数のクラウドディレクターを統括し、より大規模で複雑なプロジェクトを指揮する立場です。

エグゼクティブ・クラウドディレクターは、企業そのものの戦略立案、リスク管理、オーナーとの高度な交渉など、より広範囲な業務と責任を担います。また、クラウドディレクターチームの育成や、新しい業務プロセスの導入なども重要な役割となります。

この立場においては、個々のタスクを管理する能力以上に、ビジネス全体を俯瞰する視点が求められます。オーナーの事業戦略を理解し、それに適したソリューションを提案できるようスキルを磨いていくと良いでしょう。

いずれの道を選んでも、常に学び続ける姿勢と挑戦を恐れない勇気があれば、理想のキャリアを築ける可能性がアップします。クラウドディレクターは、さまざまな面で大きなポテンシャルを秘めた仕事なのです。

第3章まとめ

◆クラウドディレクターとは、企業とワーカーの橋渡しとなって、プロジェクトを成功へ導く存在です。特に現代のビジネスにおいて、その役割は大きくなっています。

◆この職業の魅力は、時間も場所も自由に働けることや、業界を問わず活躍できるところにあります。またプロジェクトを複数担当することも十分可能であるため、高収入も目指せます。

◆クラウドディレクターの仕事は、プロジェクト管理からワーカーのサポート、タスクの割り振り、品質管理まで多岐にわたり、コミュニケーション能力や柔軟な対応力が求められます。

◆この仕事を通じて得られる経験やスキルは、起業や他分野でのキャリアにも応用可能で、幅広いビジネスチャンスを生み出します。

◆さらなるキャリアパスとして、複数のプロジェクトを同時に管理できるスキルを身につけたり、エグゼクティブ・クラウドディレクターとして大規模な案件を指揮する道もあります。

先輩にインタビュー【ケース3】

隙間時間の活用と「素直な学び」でキャリアシフトに成功（河合さん）

――クラウドディレクターになったきっかけを教えてください。

公務員として働く中で、もっと自分の時間や収入を増やす手段はないかと探していました。外注を活用したブログ運営で収益を得る、という教材も購入したのですが、なかなか成果が出なかったんです。そんなときにOMCというコミュニティに出会い、ブログ以外にもさまざまな作業を外注できることを学び、これが大きな転機となりました。

外注を通じて、自分ではできない作業も他人に任せることで、より効率的に仕事が進むことを実感し、クラウドディレクターとしての道を歩み始めました。

――成功につながったポイントは何ですか？

成功の要因の１つは、隙間時間をうまく活用したことです。OMCにはたくさんの動画教材があったので、本業の合間に時間を見つけて勉強を続けました。

クラウドディレクターとして活動し始めてからは、報連相（報告・連絡・相談）をしっかりと行い、細やかなコミュニケーションを意識しました。ワーカーさんとのやり取りは、同じ指示内容でも伝え方次第で結果が大きく変わってしまうことがあります。丁寧な伝え方を心掛け、チームのモチベーションの向上に努めました。

もう１つ、「素直に学ぶ姿勢」を徹底したことも大きかったと思います。OMCで教わったことや、成功した先輩方から聞いたやり方は、自分流でアレンジせず忠実に実行するよう心がけました。結果として、これがビジネスをうまく進める原動力となりました。

――仕事で直面した課題と、その克服方法を教えてください。

最も大変だったのは、本業との両立です。本業の隙間時間をフル活用して、ワーカーさんへの指示出しや対応を行う必要がありました。また、お願いしていたディレクターさんの時間不足により作業が追いつかないこともありました。この問題を解決するために、1つのプロジェクトに対して複数のディレクターを割り当てることで、作業の負担を分散させました。

さらに、外注先への報酬の支払いについても改善しました。初期の頃は「できるだけ安く済ませよう」と考えていましたが、それではワーカーさんが疲弊してしまい、長期的な関係を築くことができなかったんです。そこで、継続して依頼したい外注先に対しては、気前よく報酬を支払うように変更しました。その結果、優秀なワーカーさんと長期的な信頼関係が築かれ、品質の高い成果を安定して得られるようになりました。

――クラウドディレクターを目指す人へのアドバイスをお願いします。

まずは、OMCのようなコミュニティに参加することをおすすめします。OMCは横のつながりが非常に強く、情報共有が盛んです。仕事を紹介してもらえる機会も多く、初心者にとっては非常に成長しやすい環境だと思います。

次に、外注先との関係を大切にし、常に感謝の気持ちを持って接しましょう。こちらが誠意を持って対応すれば、ワーカーさんのモチベーションが向上し、より良い成果につながります。

最後に、成功者の方法を素直に受け入れ、アレンジを加えずに実行することも大切だと思います。学びの過程で自己流に変更してしまうと、うまくいかないことも多いです。成功者の真似をすることで、確実に成果を出せる道筋が見えてきます。

4章 part 4

成功例：実践から学ぶキャリアの築き方

クラウドディレクターという職業は、会社員やフリーランス、主婦・主夫など、多様な立場の人々に新しいキャリアの可能性を提供します。

この章では、さまざまな背景に応じた成功への道筋と、必要なスキルや心構えを紹介します。自分に合った働き方を見つけたい方は、ぜひ参考にしてください。

part 4-1 会社員がクラウドディレクターになるための2つの道

会社員として働きながらクラウドディレクターとしてのキャリアをスタートさせる方法は、大きく分けて2パターンあります。1つ目は副業として始めるパターン、2つ目は社内でクラウドディレクターのポジションを獲得し、キャリアアップにつなげるパターンです。

それぞれ簡単に解説しましょう。

パターン1：副業でキャリアアップする

会社員として働き続けながら「もっと収入を増やしたい」と考えている方には、副業としてクラウドディレクターの仕事にチャレンジするのがおすすめです。

副業としてのクラウドディレクターには、大きなメリットがあります。まず、会社員としての安定収入を維持しながら新しいスキルを獲得できることです。これにより、将来の独立や転職の選択肢を拡げることができます。

また、クラウドディレクターとして多様な業界や業務に触れることで、経験の幅を大きく広げることができます。多様な業界でディレクションをこなす経験は、社内でのキャリアアップにも役立つはずです。

一方で、ダブルワークならではの時間管理の難しさには注意が必要です。この課題の解決には、優先順位を明確化する癖をつけることや、効率的なスケジュール管理ツールの導入などが有効です。

また、副業に関する社内規定は必ず確認・遵守し、副業の内容や取引先については、会社との利益相反を回避するよう心がけましょう。

パターン2：社内でポジションを獲得する

もう1つのパターンは、勤務している職場の中で、クラウドディレクターとしてのポジションに就くケースです。クラウドディレクターはまだ新しいポジションですが、企業全体の業務改善に貢献できる可能性を秘めています。

まずは、社内の外注化プロジェクトに積極的に参加するところからスタートするのが良いでしょう。外注管理のスキルや知識を習得しながら、社内でその重要性をアピールしていくことができます。

同時に、クラウドディレクター導入のメリットを、上司や経営層に対して具体的に提案することも大切です。例えば、コスト削減効果や業務効率化について、具体的な数値や他社の成功事例などを示すことで、新しいポジションの設置を後押しできます。

職場内でクラウドディレクターとして活躍できれば、元々の担当業務についての知識を活かしながら、新たなキャリアを形成できます。また、会社全体の効率化に貢献することで、自身の存在価値を高めることもできるでしょう。

このケースの課題としては、新しいポジションの導入に対する社内の抵抗が挙げられます。抵抗に対処するためには、段階的な導入と成功事例の蓄積が重要です。小さな成功を積み重ね、その効果を可視化することで、徐々に理解と協力を得ていきましょう。

このように、会社員がクラウドディレクターになる道には、副業と社内ポジションという2つのパターンがあります。自身のキャリアのゴールや現在の環境を考慮し、最適な方法を選ぶことが成功への近道となるでしょう。

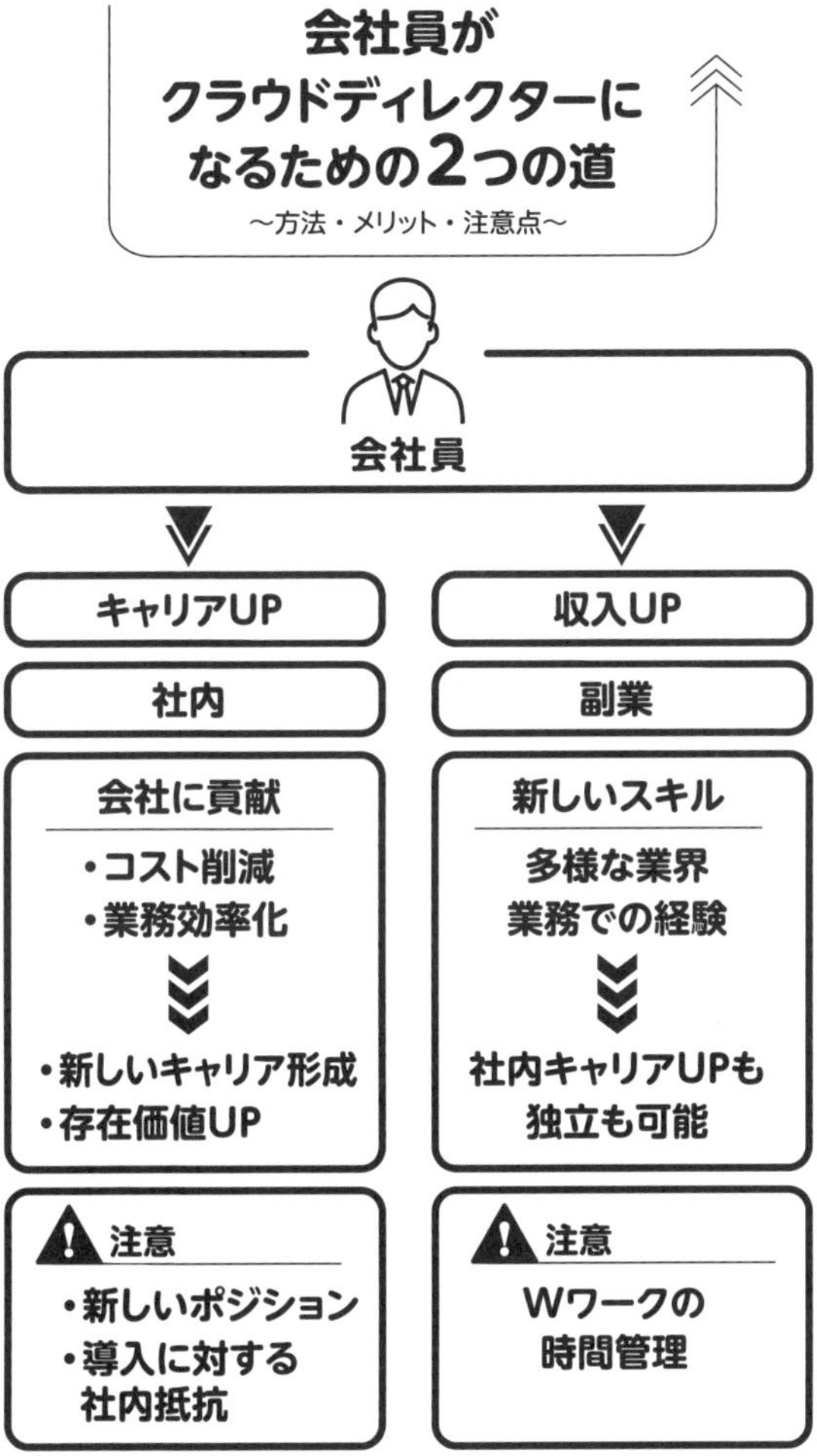

part 4-2

フリーランス、主婦・主夫からクラウドディレクターへの道

フリーランスや主婦・主夫の方も、もちろんクラウドディレクターとして活躍できます。それぞれの強みや成功のポイントについて見ていきましょう。

フリーランスとしてキャリアを広げる

フリーランスの方には、これまでの仕事で培ってきた特定分野でのスキルと、すでに独立したワークスタイルに慣れている、という2つの強みがあります。この強みを活かしつつ、新たな役割に適応していくプロセスを意識しましょう。

まずは既存のスキルセットを分析し、自身が持つクラウドディレクターとしての強みを特定することから始めます。例えば、すでにライターとして働いている人であれば、ウェブサイトなどのコンテンツ作成におけるプロジェクトで、他のライターをまとめるクラウドディレクターとして活躍しやすいでしょう。

フリーランスがクラウドディレクターになるメリットは、既存のクライアントネットワークを活用できる点です。また、クラウドディレクターとして多様なプロジェクトに携わることで、現職のスキルアップや経験の強化を図れます。

一方で、安定した収入の確保や、マネジメントスキルの向上、孤独感の解消といった課題もあります。これらの課題に対しては、長期契約やリテーナー契約の提案、オンラインコミュニティへの参加といった対策が有効です。

主婦・主夫としてキャリアを築く

主婦・主夫が副業でキャリアを築く場合、家事や育児との両立が大きな課題となります。その点、クラウドディレクターは、スキマ時間の積み重ねで業務を遂行しやすく、柔軟な働き方とキャリア構築の両立が可能です。

まずは、自身の興味や経験を活かせる分野を特定しつつ、コミュニケーション能力やスケジュール管理能力といった、クラウドディレクターに必要なスキルを身につけることから始めましょう。次に、家族の理解を得て仕事のための時間を確保し、クラウドワークスなどのプラットフォームを活用して、小規模な案件から経験を積んでいくのがおすすめです。

主婦・主夫がクラウドディレクターとして働くメリットは、家庭生活と両立しやすい柔軟な働き方ができること。さらに、自己実現や経済的自立の機会を得られる点も魅力的です。プロジェクトの内容によっては、子育てや家事の経験を活

フリーランス、主婦・主夫からクラウドディレクターへの道

	フリーランスから CD へ	主婦・主夫から CD へ
強み	・培ってきたスキル ・独立したワークスタイル ・既存のクライアントネットワーク	すき間時間の活用 ⇒柔軟な働き方・キャリア構築
課題	・安定した収入の確保 ・マネジメントスキルの向上	・時間の制約やスキルに関する不安 ・人脈ネットワーク不足
対応策	・長期契約 ・オンラインコミュニティへの参加	オンラインコミュニティや勉強会への参加

かして、独自の視点から業務の改善点やアイデアを提案するなど、主婦・主夫ならではの価値をクライアントに提供できる強みもあります。

一方で、時間の制約やスキルに関する不安、人脈ネットワーク不足といった課題もあります。これらの課題に対しては、効率的な時間管理ツールの活用、オンラインコミュニティや勉強会への参加、ＳＮＳやオンラインイベントを活用した

ネットワーク構築などが有効な対策となります。

クラウドディレクターという職業は、多様な背景を持つ人々に新たなキャリアの可能性を提供します。重要なのは、自分のペースで着実に経験を積み、スキルを向上させていくことです。個々の生活スタイルやニーズに合わせ、柔軟な姿勢で一歩一歩キャリアを構築していきましょう。

part 4-3 多様なスタイル：あなたに合った成功の形を見つけよう

クラウドディレクターにはさまざまなタイプが存在します。そのタイプの数は「人の個性の数だけある」といっても過言ではありません。それぞれが独自の強みを活かし、異なるアプローチで成功を収めています。

クラウドディレクターの多様性の一端を示すために、代表的な4つのタイプを紹介しましょう。

タイプ1：寄り添い型

プロジェクトオーナーの理念や目標に、深く寄り添うタイプです。単なる業務の代行者にとどまらず、オーナーの夢や潜在的な要望を理解し、それを実現するためのパートナーとして機能します。

タイプ2：巻き取り型

経営者の視点を持ち、プロジェクト全体を俯瞰する能力に長けているタイプです。複雑な業務を効率的に巻き取って統括し、期待を上回る結果を出すことでオーナーに感動を与えます。

タイプ3：組織作り重視型

自身の経験やノウハウを体系化し、効率的な組織作りを得意とするタイプです。業務プロセスを細分化し、具体的かつ明確にマニュアル化することでスムーズな業務を実現します。

タイプ4：育成重視型

人材育成に重きを置くタイプです。外注先や社内スタッフなど、チームメンバーのポテンシャルを引き出し、チーム全体の成長を促進します。

これらは、あくまでも一例に過ぎません。例えば、データ分析に長けた「分析型」や、創造的なアイデアを生み出す「クリエイティブ型」、複数の専門分野をつなぐ「ハイブリッド型」など、クラウドディレクターのスタイルは無限に存在します。

クラウドディレクターの多様性は、この仕事の大きな魅力です。あらゆるバックグラウンドを持つ人材が活躍できるということは、それだけ多様な視点やアプローチが業務に活かせるともいえるでしょう。このような多様性は、新しいアイデアや革新的なソリューションを生み出す源泉にもなります。クライアントにとっても、自社の課題に最適なクラウドディレクターを見つけられる可能性が高まります。

あなたはどんなスタイルでプロジェクトを導いていきたいですか？　自分の得意分野をもとに、ぜひ想像を膨らませてみてください。

part 4-4 成功のためのクラウドディレクター活用術

クラウドディレクターは、ビジネスの効率化と成長を加速させる強力な手段です。自身が目指すだけでなく、企業や個人事業主の立場から「クラウドディレクターを活用すること」もおすすめです。

しかし、その具体的な起用方法に戸惑う方も少なくありません。ここでは、企業と個人事業主それぞれの視点から、クラウドディレクターを効果的に活用する際のポイントを解説します。

企業がクラウドディレクターを活用するポイント

近年、多くの企業が人材不足や業務効率化の課題に直面しています。クラウドディレクターの活用は、これらの問題を解決する手段として大いに役立ちます。専門性の高い業務を外部のワーカーに委託し、その統括をクラウドディレクターに任せることで、企業自体の社内リソースを核となる事業に集中させることが可能になるでしょう。

クラウドディレクターを活用する際は、プロジェクトベース、時間単位、月額契約など、業務内容に合わせて最適な契約形態を選択します。これにより、必要な時に必要なだけのリソースを確保でき、コスト効率を高められます。

クラウドディレクターを取り入れる際は、まず「自社のどの業務において外注化が必要か」を明確にする必要があります。具体的な業務と目的を定めることで、最適な人材を見つけやすくなります。人材探しには、クラウドワークスなどのプラットフォームや、専門のエージェンシーの活用がおすすめです。

このとき意識したいのは、既存社員とクラウドディレクターとの連携です。両者が円滑に協働できるよう、社内の理解を促進することが大切になります。また、クラウドディレクターはリモートワークが基本となるため、オンラインツールを活用したコミュニケーションができる環境も整えておきましょう。

これらのポイントを押さえることにより、組織全体の生産性向上と新しい知見の獲得につながります。

個人事業主がクラウドディレクターを活用するポイント

個人事業主にとって、時間と資源の制約は常に大きな課題です。クラウドディレクターの活用は、事業主の限られたリソースを有効活用し、事業拡大やライフワークバランスの向上を実現する手段となります。

個人事業主は、不得意な分野の業務や専門性の高い業務を外部に委託することで、自身の強みに集中し、ビジネスの成長を加速させることができるでしょう。

クラウドディレクターを取り入れたいと感じたら、まずは自身の業務を細分化し、外注ワーカーおよびクラウドディレクターに委託可能な業務を特定します。次にコストを試算し、事業予算内で実現可能な範囲を明確にしましょう。

予算が決まったら、クラウドワークスなどのプラットフォームやＳＮＳを活用して、自身のビジネスニーズに合致するクラウドディレクターを探します。活躍しているクラウドディレクターは、ワーカーチームや人脈ネットワークを構築していることも多いため、こうした人材を採用することで、事業主自身がワーカーを探す手間と時間も省けます。

外注化をスムーズに始めるコツは、小さなタスクから始めて徐々に範囲を広げていくことです。例えばウェブサイトの構築を外注したい場合、いきなり「サイト全体の構築」を外注するのではなく、「ロゴの作成」や「記事1本のライティ

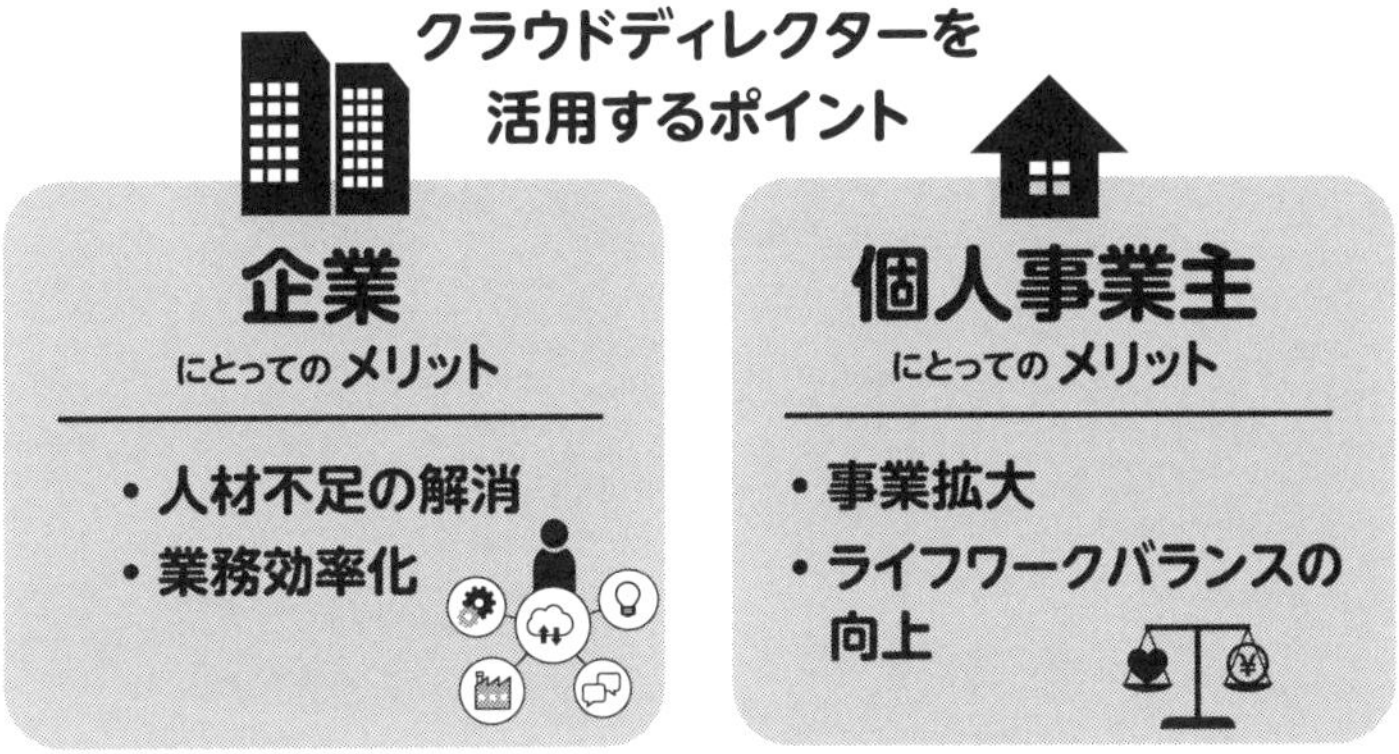
クラウドディレクターを
活用するポイント
企業
にとっての メリット
・人材不足の解消
・業務効率化
個人事業主
にとっての メリット
・事業拡大
・ライフワークバランスの
向上

ング」などからチャレンジしてみると良いでしょう。

小さなタスクから外注していくことにより、リスクを最小限に抑えつつ、外注システムやクラウドディレクターの活用に慣れていくことができます。

第4章まとめ

◆クラウドディレクターは、多様な人々に新しいキャリアの可能性を広げます。

◆会社員やフリーランス、主婦・主夫など、さまざまな立場の人が、自分に合った働き方で成功しやすい職業です。

◆会社員は、副業としてクラウドディレクターを始めるか、もしくは社内で同様のポジションを獲得することで、さらなるキャリアアップを実現できます。自分のペースで新しいスキルを身につけながら、収入を増やすチャンスが広がります。

◆フリーランスは、これまでのクライアントネットワークを活かしながら、さらに幅広いプロジェクトに携わることで、キャリアと収入を一段と拡大できます。

◆主婦・主夫は、家庭と仕事を両立しながら、時間的にも場所的にも柔軟な働き方で、収入と自己実現を叶えられます。

◆クラウドディレクターにはさまざまなスタイルがあり、自分の強みを活かしたアプローチが可能です。寄り添い型、巻き取り型、組織作り重視型、育成重視型など、あらゆるタイプのクラウドディレクターが、それぞれの分野で活躍しています。

◆企業や個人事業主は、クラウドディレクターを活用することで業務の効率化やビジネスの成長を加速できます。外注を活用してリソースを効果的に管理し、さらなる発展を手に入れることが可能です。

マニュアル化と細やかなコミュニケーションで成功を引き寄せる（こいずみさん）

──クラウドディレクターになったきっかけを教えてください。

きっかけは、副業で利用したクラウドワークスでの発注経験でした。私は副業として動画編集の仕事を請け負っていて、主にYouTube関連の案件をこなしていたのですが、徐々に一人では対応しきれない規模になってきました。そこでクラウドワークスを活用して外注を始め、少人数のチームを管理するようになりました。

最初の一歩は独学で、クラウドディレクターという役割も手探り状態ではありましたが、だんだんと業務の効率化を図ることができるようになりました。今では、複数名のディレクターを擁するチームを運営しています。

──成功につながったポイントは何ですか？

ポイントは2つあります。1つ目は、しっかりとしたマニュアルと品質サンプルの整備です。業務を外注するにあたり、品質の一貫性を保つためには、誰が作業しても同じレベルの成果物が出せる仕組み作りが必要でした。そこで、具体的なマニュアルや過去の参考事例（サンプル）を整備し、求める基準を誰にでも分かるようにしました。

2つ目のポイントは、細やかなコミュニケーションです。クラウドディレクターの仕事では、単にタスクを割り振るだけではなく、各ワーカーの進捗や成果物の品質を確認してフィードバックを行うことが重要となります。チーム内でのコミュニケーションを徹底することで、成果物の品質が上がり、結果的にクライアントの満足度も向上してリピート案件が増加しました 。

――仕事で直面した課題と、その克服方法を教えてください。

大変だったのは、初期段階でのチームビルディングと業務の効率化ですね。クラウドワークスに登録しているワーカーさんはスキルや実績がまちまちであるため、最初は良いワーカーさんを見つけるのに時間がかかりました。特に、ビジネス系動画の案件には特定のセンスや経験値が求められるため、ポートフォリオを慎重にチェックし、適した人材を選ぶ必要がありました。

これを克服する方法としては、やはりマニュアルとサンプルの整備が効果的です。詳細なマニュアルと具体的なサンプルを活用したことで、ワーカーの作業の質を一定に保つことに成功しました。

また、初期の段階ではディレクターとして自分から細かく指示を出し、フォローアップを行いながら、徐々にワーカーを信頼して業務を任せられる領域を広げていきました。

――クラウドディレクターを目指す人へのアドバイスをお願いします。

まずは、「勢いで独立するのは避けましょう」と伝えたいです。特に本業が安定している人は、副業として始めて、スキルと実績を積んでいくのが理想だと思います。私自身も副業から始め、月収100万円を超えた段階で法人を立ち上げました。

もう1つのアドバイスは、ワーカーさんとのコミュニケーションを大切にすることです。ワーカーさんとこまめにコミュニケーションをとり、適切なフィードバックを与えることができれば、長期的な協力関係を築けます。

案件ごとの料金設定やクライアントとの交渉も大切ですね。自身が納得できる収入を確保しつつ、ワーカーさんに対しても公正な報酬を提供することで、仕事の質を維持しながら事業を拡大していけます。

5章 part5

クラウドディレクターになるには

クラウドディレクターは、外注化を成功に導く重要なポジションです。この章では、クラウドディレクターに向いている人物像と、成功するために必要なスキルについて詳しく説明します。

あなたがこの役割に適しているかどうかを判断し、次のステップに進むためのヒントを提供します。

part 5-1 向いている人／向いていない人

まずは、多くの成功事例から抽出した共通要素を元に、クラウドディレクターに向いている人物像と向いていない人物像を見ていきましょう。

向いている人物像

・レスポンスが速く、こまめな人

クラウドディレクターの仕事では、スピード感とこまめなコミュニケーションが求められます。プロジェクトの進捗とワーカーの状況を同時に管理する必要があるため、素早い判断力と的確な指示出しが必要です。タスクの進捗をこまめにチェックし、オーナーやワーカーからの連絡に迅速なレスポンスを返せる人が適しています。

・コミュニケーション能力が高い人

オーナーとワーカーの間に立つクラウドディレクターには、優れたコミュニケーション能力が不可欠です。相手の意図を正確に理解し、それを適切に伝える能力が求められます。また、オンラインでのテキストコミュニケーションが主体となるため、文章力も重要なスキルの1つです。

・柔軟性のある人

プロジェクトを取り巻く環境は常に変化しており、予期せぬ事態も発生します。管理者としてワーカーを束ねるクラウドディレクターには、状況に応じて柔軟に対応できる能力が求められます。また、新しいアイデアや方法を積極的に取り入れる姿勢も大切です。

向いていない人物像

・レスポンスに時間がかかる人

クラウドディレクターの仕事では、迅速な対応が求められます。メールやメッセージへの返信が遅い、締め切りを守れないなど、レスポンスの遅さは致命的な弱点となります。これらは、プロジェクトの進行を遅らせ、クライアントや外注メンバーとの信頼関係を損なう可能性があります。

・自発的に動くのが苦手な人

クラウドディレクターは、問題解決の中心的な役割を担います。問題が発生した際には、自発的に動いて解決策を見出す必要があります。受け身の姿勢で働きたい人や、問題を放置してしまう傾向がある人は、このポジションに向いていません。

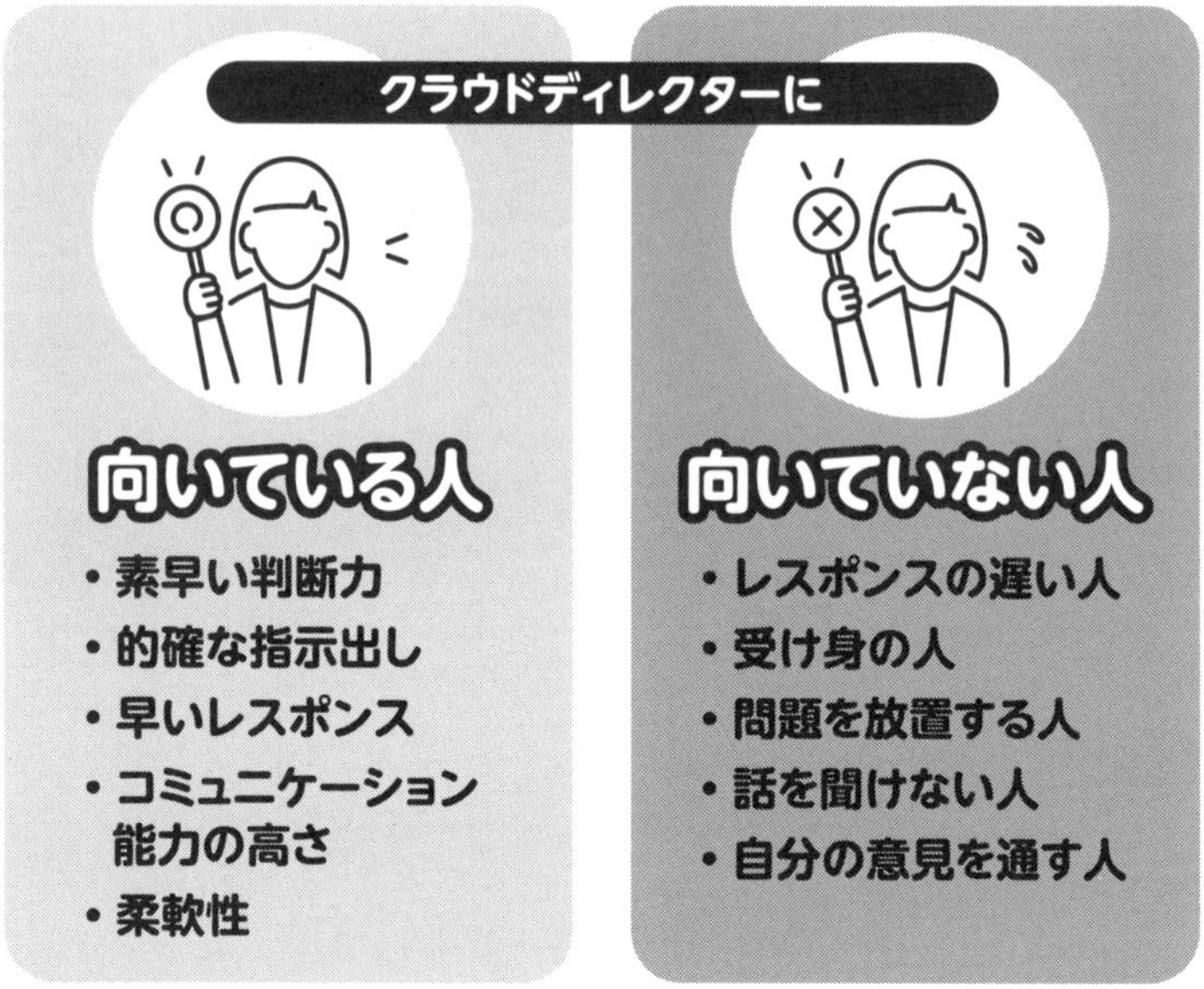
クラウドディレクターに
向いている人
・素早い判断力
・的確な指示出し
・早いレスポンス
・コミュニケーション能力の高さ
・柔軟性
向いていない人
・レスポンスの遅い人
・受け身の人
・問題を放置する人
・話を聞けない人
・自分の意見を通す人

・コミュニケーションが一方的な人

クラウドディレクターの仕事では、双方向のコミュニケーションが基本となります。自分の意見を一方的に押し付けたり、相手の意見を聞かずに思い込みで行動したりする傾向がある人は、このポジションに向いていません。相手の立場を理解し、建設的な対話ができる人が求められます。

こうしたポイントは、自分がクラウドディレクターに向いているかどうかを判断する一助となるでしょう。ただし、これらは一般的な傾向であり、個人の努力や経験によって克服できる部分も十分にあります。

次のセクションでは、クラウドディレクターとして成功するために磨くべきスキルについて、詳しく見ていきます。

part 5-2 クラウドディレクターが磨くべきスキル

クラウドディレクターとして成功するためには、いくつかの重要なスキルを磨く必要があります。これらのスキルは、ビジネスの効率化と成長を促進するだけでなく、チームを効果的に管理してプロジェクトを成功に導くための基盤となります。

スキル1：コミュニケーション能力

クラウドディレクターは、クライアントと外注メンバーの橋渡し役を担います。このため、両者の意図を正確に理解し、適切に伝える能力が求められます。

複雑な情報を分かりやすく説明し、明確で簡潔な指示を出す能力は、プロジェクトの円滑な進行に直結します。

このスキルを磨くには、日々の業務の中でより良いコミュニケーションを意識し続けることが大切です。例えばメールやチャットでのやり取りを見直し、より簡潔で明確な表現を心がけるなど、自分のコミュニケーションスタイルを客観的に評価し改善していきましょう。

スキル2：迅速なレスポンスとマルチタスク能力

クラウドディレクターの仕事では、複数のタスクを同時に進行させる場面が多くあります。締め切りを守りつつ複数の業務をこなすためには、優先順位を適切に設定し、効率的なタスク管理とスピーディーな対応を心がけることが大切です。

このスキルを向上させるためには、まずメールやチャットにおける迅速なレスポンスを意識しましょう。また、タスク管理ツールなどを活用して自分の業務を可視化し、優先順位を決める習慣を身につけることも有益です。

スキル3：問題解決能力

プロジェクトの進行中には、予期せぬ問題が発生することがあります。クラウドディレクターには、そのような状況でも冷静に対処し、迅速に解決策を見出す能力が求められます。また、クライアントのニーズや市場の変化に応じて柔軟に戦略を調整する能力も大切です。

このスキルを磨くには、過去の問題事例を分析して「もしも」のシナリオを想定し、対策を考える訓練が有効です。また、自身が携わるプロジェクトについては定期的にリスク評価を行い、潜在的な問題に対して事前に準備する習慣を身につけていきましょう。

スキル4：チームのモチベーション管理能力

リモートで働くワーカーのモチベーションを高く保つことも、クラウドディレクターの重要な役割の1つです。チームのモチベーションを維持するためには、各メンバーの強みを活かす環境を整え、適切なフィードバックを提供することが必要となります。

このスキルを向上させるには、心理学やリーダーシップについての理論を積極的に学ぶことが大切です。また、実際のクラウドディレクターの業務においては、定期的な1on1ミーティングの実施が役立ちます。メンバーの声に耳を傾け、個々のニーズや課題を把握し、適切なサポートを提供していきましょう。

スキル5：ビジネス全体を俯瞰する視点

クラウドディレクターには、個々のタスクだけでなく、プロジェクト全体の目標や方針を理解し、それに沿って業務を進める能力が求められます。広い視野を持つことで、より戦略的な意思決定が可能となり、クライアントのビジネス成長にも大きく貢献できるでしょう。

このスキルを磨くには、ビジネス書やセミナーなどを通して、経営戦略に関する知識を身につけることが効果的です。また、クライアントの業界や市場動向に常にアンテナを張り、最新の情報を収集する習慣をつけることも役立ちます。

これらのスキルを磨くことで、外注化のメリットを最大限に引き出し、クライアントのビジネスを新たな高みへと導くことができるでしょう。

クラウドディレクターが磨くべきスキル UP

1	コミュニケーション能力	簡潔で明確な表現を心がける 自分のコミュニケーションを客観的に評価し改善
2	スピード感	迅速なレスポンスを意識する タスク管理ツールなどを活用 優先順位を決める習慣をつける
3	問題解決能力	問題を想定し、対策を考える訓練
4	人間関係の管理	心理学、リーダーシップについての理論を学ぶ
5	ビジネス全体を把握する	経営戦略に関する知識を身に着ける クライアントの業界や市場動向を理解する

part 5-3

人脈ネットワークを積極的に構築しよう

クラウドディレクターとして成功するためには、広範な人脈ネットワークも極めて重要となります。これは、クラウドディレクターとしての業務において、優秀なワーカーとの出会いやさまざまな分野における知見が欠かせないためです。

ただ、これからクラウドディレクターを目指す人の中には「人脈なんて全然ない」「どうやって広げればいいの?」と戸惑う方も多いのではないでしょうか。

でも、心配しなくて大丈夫です。新たな人脈ネットワークを効率的に広げるためのポイントをご紹介します。

ポイント1：業界イベントやセミナーに参加する

業界イベントやセミナーへの参加は、人脈を広げる絶好の機会です。これらのイベントでは、同じ志を持つ仲間や業界の第一人者と多く出会えます。名刺交換はもちろん、積極的に会話を交わし、相手の興味や課題に耳を傾けましょう。積極的かつ共感力のある姿勢が、後々の協力関係や新たなビジネスチャンスにつながります。

ポイント2：オンラインコミュニティに参加する

オンラインコミュニティも、人脈拡大に最適な場です。ソーシャルメディアや業界特化型のフォーラム、グループなどを活用し、気になるコミュニティに参加してみましょう。これらのプラットフォームでは、世界中の専門家とつながることができます。有益な情報をシェアしたり、他者の投稿にコメントしたりすると、ネットワークがより広がりやすくなります。

ポイント3：経営者や他のクラウドディレクターから学ぶ

経営者や他のクラウドディレクターとの交流にも、非常に価値があります。コミュニティなどを通してこうした人々と出会ったら、業界のトレンドや課題、成功事例などについて積極的に学ぶ姿勢を見せましょう。こうした交流は、潜在的なクライアントや協業仲間との出会いにもつながります。

ポイント4：継続と誠実さで長期的な関係を育む

良質な人脈ネットワークの構築には、継続的な行動と誠実な姿勢が不可欠です。時間をかけて築いた人脈は、クラウドディレクターとしてのキャリアにおいて、かけがえのない資産となります。「困ったときに相談できる仲間がいる」「新しいプロジェクトの協力者がすぐに見つかる」「最新の業界動向をいち早くキャッチできる」など、恩恵は計り知れません。長く続く良好な関係を目指して、ネットワークを築いていきましょう。

ポイント5：「give の精神」で信頼を築く

人脈ネットワークの構築においては、「give の精神」、つまり知識やリソースを「こちらから与える」姿勢が重要です。自分の知識や経験を惜しみなく共有し、他者のサポートを積極的に行う人は、多くの相手から信頼されて、良好な関係を築くことができます。常に「give」を意識する姿勢は、一見損をしやすいように思えるかもしれません。しかし、長期的に見れば必ずポジティブな結果が待っています。

人脈ネットワークの構築と維持は、クラウドディレクターとしての成功に不可欠な要素です。積極的に新しい出会いを求め、関係性を深めていくことで、ビジネスの可能性は大きく広がっていくでしょう。新たな価値を生み出し、イノベーションを促進する、そんな豊かな循環の一部となることを目指しましょう。

part 5-4 最短ルートで知識が身につくおすすめ講座

このように、クラウドディレクターになるには多くの知識やスキルが必要となります。ただし、この分野は比較的新しいため、既存の専門書なども少なく、体系的に学べる機会は限られています。独学で学ぼうとすると、効率的な学習ができず試行錯誤の繰り返しになってしまう可能性があるでしょう。

そこでおすすめしたいのが、OMCの「クラウドディレクター講座」です。この講座は、実際にクラウドディレクターとして活躍しているメンバーが中心となって制作し、培ってきたナレッジを体系化したものです。理論と実践の両面からスキルアップを支援できる内容となっています。

クラウドディレクター講座を受講することで、外注化のプロフェッショナルとして必要な知識とスキルを効率的に学べます。

次章では、このクラウドディレクター講座の内容や特徴について解説していきます。

第5章まとめ

◆クラウドディレクターはプロジェクト全体を管理する中心的な役割を担い、積極的に問題解決を行う必要があります。

◆クラウドディレクターに向いている人物像は、スピード感を持って対応でき、こまめなコミュニケーションをとれる人です。また、思考が柔軟で変化に素早く対応できる人も向いています。

◆逆に、レスポンスが遅かったり、問題に対して消極的な態度をとる人には向いていません。ただし、これらは一般的な傾向であり、個人の努力や経験によって克服できる可能性もあります。

◆成功するために必要なスキルは、コミュニケーション能力や迅速なレスポンス、問題解決力などです。また、チームのモチベーションを管理する能力や、ビジネス全体を俯瞰する視点も求められます。

◆クラウドディレクターとしてのキャリアには、広範な人脈ネットワークも重要です。業界イベントやオンラインコミュニティに参加し、新たな出会いを求めることで、成功のチャンスが広がります。

◆人脈を築く際は、誠実で積極的な姿勢が大切です。自分の知識やリソースを惜しみなく共有し、「give の精神」で信頼関係を築くことが、長期的な成功につながります。

✓フリーランサー ✓独立したい方 ✓主婦の方

クラウドディレクターに
なりたい方は

まずこちらを
チェック！

先輩にインタビュー【ケース5】

「抱え込まない」マインドセットで効率も業績もアップ（森山さん）

――クラウドディレクターになったきっかけを教えてください。

学校の教員として働いていたのですが、そのときに感じていた「業務の効率化を図りたい」という思いがきっかけとなりました。本業と副業を並行して行う中で、「外注の力を借りることで自分の時間を増やせれば、効率的に業務を進められる」という気づきを得たのが大きな転機です。この経験が、クラウドディレクターという仕事への道につながったと思います。

――成功につながったポイントは何ですか？

大きな要因は、「できることは自分でやるべき」という思い込みを捨てて、「一人で抱え込まない」という考え方に切り替えたことです。外注を実際に経験すると、業務の効率が飛躍的に向上する実感を得られます。特に、OMCを通じて信頼できる人々と出会い、ワーカーさんに適切に仕事を振り分けるスキルが身についたことで、あらゆるプロジェクトがスムーズに進むようになりました 。

OMCではさまざまな成功事例を学びました。当時も今も、再現できる方法はどんどん自分のプロジェクトに取り入れています。コミュニティで成功者の考え方に触れ続けることで、自分のマインドセットも大きく変えることができます。

――仕事で直面した課題と、その克服方法を教えてください。

最大の課題は、コミュニケーションでした。特にチャットなどのテキストコミュニケーションにおいては、言葉の選び方１つで印象が変わります。誤解を避けてポジティブな印象を与えるため、常に丁寧かつ明確な表現を心がけるとともに、相手が質問しやすい環境作りに努めました 。

また、良い意味での「自責思考」も重要でした。私は、外注先がうまく機能しない場合、その責任は自分にあると考えます。ワーカーさんを選んだのは私自身の判断ですし、その人とのやり取りがスムーズにできないときは、「自分の対応に原因があるのではないか」と考えるように心がけています。「自責思考」に切り替えてから、チーム全体のモチベーションが向上し、プロジェクト全体のクオリティもアップしました。

――クラウドディレクターを目指す人へのアドバイスをお願いします。

まずは「自分で全部やる必要はない」ということを強く伝えたいです。何でも自分で抱え込もうとするのは逆効果で、得意な人に任せることがプロジェクト成功のポイントになります。外注をどんどん利用して、そのプロセスを楽しみましょう。

もう１つ大事なのは、周りに頼ることを「弱さ」と考えないことです。日本には「人に頼ること」に抵抗を感じる風土がありますが、頼ることでむしろチームは強くなります。

クラウドディレクターは、決してスーパーマンになる必要はありません。自分の限界を認めて周りの力を上手に活用してこそ、クラウドディレクターとして成功できると思います。

6章 part6

OMCのクラウドディレクター講座とは

part 6-1

OMCのクラウドディレクター講座とは

ビジネス環境が急速に変化する現代において、クラウドディレクターの役割はますます重要性を増しています。外注化やリモートワークが一般化する中、効率的に業務を管理し、多様な人材をコーディネートできる人材への需要が高まっているのです。

OMCのクラウドディレクター講座は、このような社会的ニーズに応えるために開発されました。クラウドディレクターについて体系的に学べる場は日本でも珍しく、極めて貴重な講座となっています。

本講座の特徴は、オンライン形式を採用していることです。場所や時間の制約がなく、自分のペースで学習を進められるため、忙しい社会人や遠方にお住まいの方でも受講しやすくなっています。

カリキュラムは動画講義を中心に構成されており、効率的に知識とスキルを習得できるよう工夫されています。具体的な内容としては、以下のようなトピックスが含まれます（※）。

・クラウドディレクターの役割と重要性
・外注管理の具体的なやり方（基本／応用）
・リモートチームのマネジメント手法
・コミュニケーションスキルの向上法
・プロジェクト管理ツールの活用法

（※受講のタイミングにより、カリキュラム内容は変更となる可能性があります。）

これらの項目を通して、クラウドディレクターとして必要な知識とスキルを体系的に学ぶことができます。

本講座は、単なる知識の詰め込みではなく、実践的なスキルの習得を重視しています。外注特化型コミュニティ「ＯＭＣ」ならではの知見を活かし、現場で即活用できる知識を学び、効率的にスキルを磨くことが可能です。

クラウドディレクターという業種は、すでにあらゆる業界で需要が高まりつつあり、本講座はそのパイオニアとなる人材を育成することを目指しています。ビジネスの最前線で活躍したい方、キャリアアップを考えている方にとって、大きなチャンスとなるはずです。

part 6-2 OMCの講座ならではの強み

OMCのクラウドディレクター講座には、他にはない独自の強みがあります。

まず挙げられるのは、実務経験が豊富なプロから学びを得られることです。本講座の制作陣は、クラウドディレクターとして第一線で活躍している実務家、もしくはクラウドディレクターを実際に活用している経営者です。彼らの生きた経験や最新のノウハウが直接反映されており、現場で本当に役立つ知識とスキルを学べます。

次に、最新の外注トレンドを反映した実践的カリキュラムが挙げられます。クラウドソーシングやリモートワークなど、ビジネスの形態は日々進化しています。本講座では、そうした最新のトレンドをいち早くカリキュラムに取り入れ、常に最先端の知識とスキルを提供しています。

さらに、外注特化型コミュニティであるＯＭＣとの連携による、実践的な環境も大きな強みです。ＯＭＣには多くの経営者や事業主が参加しており、本講座ではこれらの実例が豊富に活用されています。理論を学ぶだけでなく、リアルな事例に基づいて実践的なスキルを磨くことができるのです。

そして、見逃せないのが人脈ネットワークの構築機会です。本講座、そしてＯＭＣには、さまざまな業界から意欲的な人材が集まっています。講座を通じて築かれる人脈は、将来のビジネスチャンスにつながる可能性を秘めているとともに、同じ志を持つ仲間との出会いそのものが刺激的で有意義な経験となるでしょう。

これらのメリットにより、受講生は単に知識を得るだけでなく、実践力を身につけ、キャリアの可能性を大きく広げることができます。クラウドディレクターという新しい職種に挑戦する上で、ＯＭＣの講座は最適な選択肢といえるでしょう。

part 6-3 可能性が広がる！講座修了後のキャリアパス

常に最新のスキルと知識を身につけ、時代のニーズの先端を行く人材になれるのが、このクラウドディレクター講座の最大の魅力です。修了後は、キャリアに新たな道が開け、さまざまな可能性が広がります。

1．コミュニティを通して即活躍できる

まず、ＯＭＣ内でのクラウドディレクターとしての活躍が期待されます。ＯＭＣには多くの経営者や事業主が参加しており、外注管理のプロフェッショナルを必要としています。講座で培ったスキルを即座に実践できる環境が整っているた

め、即活躍の可能性も十分に期待できます。

2. さまざまな企業で活躍できる

外部企業からの需要も見逃せません。デジタル化やリモートワークの普及に伴い、クラウドディレクターの需要は急速に高まっています。大手企業から中小企業まで、効率的な外注管理を求める声は日々増加しており、講座修了者は、こうした企業のニーズに応える貴重な人材として高い価値を持つことになるでしょう。

3. フリーランスや事業主として活躍できる

フリーランスとして独立することや、スキルを活かして起業することももちろん可能です。クラウドディレクターのスキルは、多くの企業にとって必要不可欠なものであり、個人事業主として複数の企業と契約を結び、柔軟な働き方を実現することができます。講座で学んだプロジェクト管理やコミュニケーションスキルは、独立後のビジネス運営にも大いに役立つはずです。

また、OMCのネットワークを活用することで、新たなビジネスチャンスを見出すチャンスも広がります。同じ志を持つ仲間や経営者との出会いは、今のあなたが予想もしていない事業アイデアを生むきっかけとなるかもしれません。

クラウドディレクターという職種は、まだまだ黎明期にあります。そのため、この分野で早くからスキルを磨き、経験を積んだ人材は、将来的に業界のリーダーとなる可能性を秘めています。講座修了者は、この新しい職種の第一人者を目指せるのです。

このように、クラウドディレクター講座の修了後には多様なキャリアパスが用意されています。自身の志向や目標に合わせて最適な道を選択できるのも、クラウドディレクターの大きな魅力といえるでしょう。

未来のビジネスシーンで中心的な役割を果たすクラウドディレクターとして、新たなキャリアを築く第一歩を踏み出してみませんか？

「クラウドディレクターを目指したい」

本講座の詳細や最新情報については、文末のQRコードからアクセスできるウェブページでご確認ください。また、不明点や気になる点も、こちらからお問い合わせください。担当者が丁寧にお答えいたします。

クラウドディレクター講座に興味を持たれた方は、ぜひ気軽にアクセスしてみてくださいね。

まずは
QRコードをチェック！

可能性が広がる！
講座修了後のキャリアパス

クラウドディレクター講座

- クラウドディレクターの役割と重要性
- 外注管理の具体的なやり方（基本／応用）
- リモートチームのマネジメント手法
- コミュニケーションスキルの向上法
- プロジェクト管理ツールの活用法

手に入るキャリア

OMC内での活躍

外部企業からの需要

フリーランスとして独立

第6章まとめ

◆OMCのクラウドディレクター講座は、外注管理やリモートワークのスキルを効率的に学べる貴重な講座です。オンライン形式で受講でき、自分のペースで学習が可能です。

◆この講座では、クラウドディレクターに必要な外注管理やリモートチームのマネジメント、コミュニケーションスキル、プロジェクト管理ツールの活用方法などを体系的に学べます。

◆この講座の強みは、実務経験豊富なプロからの直接指導と、最新の外注トレンドを取り入れたカリキュラムです。また、外注特化型コミュニティ「OMC」との連携により、実践的なスキルを習得できる環境が整っています。

◆講座修了後には、OMC内でのクラウドディレクターとしての活躍や、多様な企業での活躍が期待できます。また、フリーランスや事業主として独立することも可能です。

◆クラウドディレクターはまだ黎明期の職種です。早期にスキルを磨くことで、将来的に業界のリーダーとなるチャンスが広がります。

おわりに

本書を最後までお読みいただき、誠にありがとうございます。皆さまがクラウドディレクターという新しい役割に興味を持ち、その可能性に胸を膨らませていただけたなら、これ以上の喜びはありません。

クラウドディレクターの素晴らしい点は、特別なスキルや経験がなくてもスタートできることです。この仕事の本質は、人と人をつなぎ、プロジェクトを円滑に進めることにあります。あなたが日々の生活の中で培ってきた「人間関係を築く力」や「物事を効率的に進める能力」が、ここでは大きな武器となります。

つまり人生経験そのものが、クラウドディレクターとしての第一歩を踏み出す原動力になるのです。

社会人が1つの企業に依存して生きる時代は、もはや終わりを迎えました。しかし、不安になる必要はありません。今や、スマートフォン1つで世界中の才能ある人々とつながることができるのです。これは大きなチャンスであり、あなたのビジネスの可能性は無限大です。

本書を読んで「さらに深く学びたい」と思った方には、ぜひOMCのクラウドディレクター講座をおすすめします。この講座では、実践的なスキルはもちろん、実際の現場で活躍するクラウドディレクターの生の声を聞くこともできます。

講座を通じて、あなたは新しいキャリアへの第一歩を踏み出せるはずです。クラウドディレクターについて体系的に学べる場はまだほとんど存在しないため、この講座は非常に貴重な機会となるでしょう。仲間との出会いや、新たな可能性の発見など、講座そのものが人生を変える経験になるかもしれません。

クラウドディレクターと外注の仕組みを上手に活用することで、あなたの人生はより豊かに、より自由に変わります。新しいことへのチャレンジは、ときに不安を伴うでしょう。でも、一歩踏み出す勇気さえあれば、きっと道は開けるはずです。

さあ、一緒により良い人生へ踏み出しましょう！　あなたの挑戦を、心から応援しています。

山本智也

結び～未来のクラウドディレクターの皆様へ～

この本を読んでくださり、ありがとうございます。著者の1人であり、OMCのクラウドディレクター講座で講師を務める、島川岳と申します。

35歳のとき、私は将来への不安を抱えていました。何か新しいことを始めたい。でも年齢的な限界も感じてしまう。様々な副業にチャレンジしても、これといった決め手が見つからない日々が続いていました。

そんな中で出会ったのが『業務外注化の教科書』です。この本との出会いは、私の人生における革命的な転機となりました。

それまでの私は、「自分に何ができるか」という発想で考え、常にスキルアップの必要性に追われていました。しかし、外注化という概念に出会い、「できなければいけない」から「知ってさえいればいい」という発想の転換が起きたのです。目の前の世界が、ガラリと変わりました。

クラウドディレクターとして働きだしたのは、ちょうど1年前。この1年間で私は、50件を超える壁打ちと、10社以上へのサポートという実績を積んできました。さらに、自身の事業にも外注を積極的に活用し、自社の新規事業立ち上げ等にも、驚くほど軽いフットワークでチャレンジできるようになりました。

以前の私の人生は、「やれることを効率化して、やりたいことをねじ込む」というものでした。しかし今は、「やりたいことから逆算して、必要なことを組み立てる」というスタイルに変わっています。この変化が私の人生の可能性を大きく広げてくれたことは、間違いありません。

この本を手に取ってくださったあなたも、きっとかつての私と同じように、仕事についての悩みを抱えているのではないでしょうか。外注を実践してきた経験者として、また、クラウドディレクターの先輩として、自信を持って断言します。この本をじっくり読んで、内容どおりに実践すれば、あなたにも必ず素敵な変化が訪れます！

年齢や環境に関係なく、誰もが挑戦できる可能性がここにあります。キャリアの中断を恐れることもありません。大切なのは、ポジティブさと素直さ、そしてチャンスに飛び込むほんの小さな勇気だけです。

クラウドディレクターという新たな分野で、自由でワクワクするような生き方を手に入れてみませんか？

あなたとお会いできる日を、ＯＭＣのクラウドディレクター講座でお待ちしています。

島川 岳

プロフィール

山本智也（TOMOYA YAMAMOTO）

1983年兵庫県生まれ、近畿大学卒業。小さい頃から経営者である父親の影響を強く受け、小学生からビジネスを始める。大学を卒業後、起業を行い、サイト売却、事業売却等を行う。2020年には、メディアやインフルエンサーで話題になった「ハンドスピナー」、壁にくっつくスマホケース「WAYLLY」などを手掛けた、株式会社ケースオクロックを売却。現在では、出版マーケティング事業、経営者教育、起業家育成事業から、美容医療事業まで、幅広く展開。手掛けている案件数は、200を超える。年商40億円超となりグループ10社をまとめる。社員数は、ドライバーと秘書の2名のみ。外注・業務委託を中心とした組織化経営＝スマート経営で事業拡大中。あらゆるビジネスに精通し、ビジネス界のドラえもんになるべく、いろいろな案件に従事。通称：ビジネスサイボーグ。

島川　岳（GAKU SHIMAKAWA）

1988年埼玉県生まれ、東京学芸大学卒業。学生時代は演劇に打ち込み、表現力やコミュニケーション能力を磨く。大学卒業後は住宅メーカーの営業やセミナー講師、経営コンサルタントとして多岐にわたる経験を積む。27歳で結婚、マイホーム建築。父となるも、30歳で離婚とホームレスを経験。波乱の人生から「人は何度でもやり直せる」という信念を得た。現在はプロクラウドディレクターとして活動し、株式会社社長の右腕の代表を務める。「すべての人に『生きててよかった』を。」という理念のもと、経営者に寄り添いながら事業支援を行っている。現在は約20名の業務委託スタッフと共に、AIや外注を活用した業務効率化と新規事業支援に取り組む。経営者の伴走者として、単なる効率化にとどまらず、各人が自らの価値を実感できる社会の実現を目指している。

自由と成功を手に入れる新時代の働き方

クラウドディレクター革命

2024年12月31日　初版発行

著　者：山本智也・島川　岳

印刷所：中央精版印刷株式会社

発　行：ナビゲートプランニング
〒150-6207
東京都渋谷区桜丘町1-4
渋谷サクラステージSHIBUYAサイド
SHIBUYAタワー 7F

発　売：株式会社ビーパブリッシング
〒154-0005 東京都世田谷区三宿2-17-12
tel 080-8120-3434

ISBN978-4-910837-81-9　C0034